桜美林大学叢書 vol.014

韓国－食の文化

延恩株

Yeon EunJu

J. F. Oberlin University

はじめに

民族間の違いを最も身近に意識するのは食べ物とにおいだとよく言われます。日本語がまったくわからず、日本に関する知識もほとんどない私が成田空港に着いて飛行機を降りたとたん、ほんの三時間ほど前にいた自分の国とはあまりにも異なるにおいに驚いたことを今も鮮明に記憶しています。私が生きてきた国とは違う場所に来たのだという実感は鮮烈で、それを教えてくれたのがにおいだったのです。

においの発生元はいろいろありますが、食べ物もその一つです。そのためか韓国のにおいは〝キムチとニンニク〟で、日本のにおいは〝糠《ぬか》味噌と醤油〟と聞いたことがあります。私自身はそれほどはっきり韓国と日本のにおいの違いを特定できませんが、においが異なることをキムチと糠味噌は象徴的に表していると思います。

ところでこのキムチ、韓国の代表的な食べ物として日本でもよく知られています。現在では日本の食卓にもごく普通にキムチやキムチを使った料理が並ぶようになってきています。私も日本のキムチを食べることもありますが、韓国のキムチとはかなり違う食べ物だと思っています。

日本で「キムチ」と韓国語で呼ばれながら、韓国とは異なるキムチになったのは日本人の口に合うようにその製法も含めて作り変えられてきたからです。韓国と日本の文化的な類似点は比較的多いと思います。たとえば食文化に限れば、米食が中心ですし、箸を使います。餅もあれば煎餅もあります。味噌もあれば納豆もあります。

でも、それぞれをよく見ると、作り方、使い方、食べ方が日本のそれとは〝少し〟から〝かなり〟までの違いがあることに気付きます。これらの食品や道具は韓日両国の民族が長い歴史的時間の経過のなかで、それぞれの土地、地域で生活の知恵を働かせて受け継がれ、変容していったからでしょう。こうして両国ともに伝統的な食の文化が生まれたといえます。

一方、国外との距離が一気に狭まった現代では、伝統的な食べ物ではない、見たこともなかったような食品やそれに関わるものが急激に身近なものとして受け入れられるようになりました。この点からいえば、韓日両国は多少の時間差はあるものの、似たような受容過程をたどっているようです。

たとえば、マクドナルドやケンタッキーフライドチキンなどは、韓国でも日本でもお馴染みの看板が出ていますから、おそらくまったく違和感を覚えないと思います。ところが食べてみますと、その味やにおいは決して同じではありません。

また、コンビニエンスストアは今や両国とも日常生活でなくてはならないほど身近な存在になっています。セブン-イレブンなどの看板や店構えも両国とも一緒ですから、パッと見にはこれまた違和感はないでしょう。でも、店内に入ると同じような商品が並んでいるにもかかわらず、雰囲気が自国のコンビニエンスストアと異なることに気が付くはずです。やや大げさにいえば民族性の違いがあるように思っています。

さらに韓国と日本の間には不幸な歴史の三十五年間（一九一〇～四五年）がありました。しかしその一方で、日本が朝鮮半島を侵略、支配した間に日本の食べ物が韓国の生活に入り込み、現在も日本語の食品名がそのまま使われているものもあります。それは日本の侵略、支配という理由からだけではなく、韓国人の食生活の嗜好に抵抗感が少なく、受け入れられてきたからでしょう。もっとも、名前は日本語的であっても食品そのものは韓国人の好みに合うように、手が加えられてきているものも少なくありません。

ひるがえって現在、日本のスーパーマーケットや商店に行きますと、韓国製のキムチはもちろん、韓国海苔や辛さを売りにした即席麺、ザクロの酢や韓国製出汁《だし》の素、お酒のマッコリなどが棚に並び、韓国海苔巻きやヤンニョムチキンなどが総菜売り場に置かれるようになってきています。

このように韓日両国は食生活では互いにおいしいものや便利なものは抵抗なく受け入れ、それぞれの国で定着してきているように見受けられます。やがては韓国の食品、日本の食品などという区別さえ意識されなくなっていくのではないでしょうか。

とはいえ、特定の食品を除けば、韓日両国にはそれぞれの食生活があり、そこから異なる食文化が生まれ、「伝統」として守られているのも事実です。そこで、「食」という広い概念から韓日両国の「食」を比較しつつ、韓国の食文化を考えてみようと思うようになりました。

現在、政治的に関係が思わしくない韓国と日本ですが、本書を通して互いに多少なりとも親近感が増し、いっそう身近な隣人と感じられるようになるなら、著者としてこれほど大きな喜びはありません。

二〇二二年二月

延 恩株

目次

第一章

伝統と食文化

1. キムジャン文化

私は日本のキュウリやナス、ニンジンなどの糠《ぬか》漬けや浅漬けが大好きです。韓国人ですからもちろんキムチも大好きです。食卓に漬け物類がないと物足りなく感じますし、時にはキムチや漬け物だけでご飯を食べてしまうほどです。

ただキムチだけは、日本に来てかなり長い間、日本のキムチはどうしても口に合いませんでした。多くの韓国人は日本のキムチは似て非なるものと見ていますし、私もこの点では同感です。

一九九六年に国際食品規格委員会で日本が提示した「kimuchi」（기무치）ではなく、韓国が強く主張した「kimchi」（김치）が英語表記として正式に認められました。キムチは韓国が本場であり、韓国を代表する食品ということが国際的に承認されたからでしょう。日本のキムチがなぜ来日してしばらく口に合わなかったのか、その理由ははっきりしています。日本では塩漬けにしたハクサイ、キュウリ、ダイコンなどに「薬味類を混合、低温で生成を通し発酵

ハクサイキムチ

した食品」（大韓民国農林部）こそキムチで、発酵させていない日本のキムチは、私からすればキムチではないからです。韓国では、非発酵の塩漬けした即席キムチは「겉절이」（コッチョリ）と呼ばれています。

「김장김치」（キムジャンキムチ）はもともと越冬用の保存食で、漬け込む時に魚介類、あるいは魚醤《ぎょしょう》や塩辛、塩アミなどにニンニクを入れる熟成型食品です。つまり材料の海産物によって乳酸菌の発酵を促《うなが》し、時間とともに熟成されて独特の旨味が出てくるというわけです。その一方で、強く濃厚なにおいも伴いますので、日本の方は味わう以前にそのにおいで敬遠しがちです。独特のにおいで敬遠

されるということでは、新鮮なムロアジやトビウオなどを乳酸菌が含まれた魚醤に漬けた日本の「くさや」と似ているかもしれません。

それから、日本で韓国のキムチが敬遠されるもう一つの理由は、強い辛さにあります。一九八〇年代後半に日本では激辛ブームが起こり、キムチが日本でも馴染みのある食品の一つになったようですが、一般的に日本ではまろやかな辛さが好まれています。

こうして日本では、発酵させず、キムチ風味の汁に野菜を漬け込んだ、辛さがまろやかで淡泊な味わいの浅漬け型キムチが好まれるようになったのでしょう。

私は熟成型キムチと浅漬け型キムチがあってもかまわないと思っています。韓国人からすれば、日本の浅漬け型はキムチではなく前述した「겉절이」（コッチョリ）となりますが、だからといって、それを批判するのは的外れですし、「日本人は本当のキムチがわからない民族だ」などと言うのは間違っています。

食文化は、その土地の気候、風土、民族性と密接に関わっています。大陸性の気候である韓国は、冬期の気温は日本に比べるとずっと厳しく、だからこそ熟成型で、赤トウガラシをたくさん入れ込んだ辛いキムチが根付いたのです。日本は韓国の気候に比べるとずっと温暖で、野菜もちょっとした保存方法で冬場でも手に入れることができます。冬場の野菜不足を補うために「김장김치」（キムジャンキムチ）のような野菜の保存食を作らなければならな

アルタリ（小ダイコン）キムチ

い切実さは日本にはなかったのです。

その代わり、日本にはたくさんの種類の浅漬け野菜や糠漬けがあります。特に糠漬けは米糠を乳酸発酵させて作った糠《ぬか》床《どこ》に野菜などを漬け込んで作るもので、乳酸発酵させるという点ではキムチと同じで、日本の食を代表する一つだと思います。でも、漬け込む時間がキムチとは大きく異なります。野菜の種類や形状にもよるでしょうが、せいぜい半日から一日で、一年中その糠床を使い続けることができます（糠床の手入れは必要ですが）。

ところで、二〇一三年十二月、韓国の「キムジャン文化」（김장문화・キムジャンムナ）が日本の「和食」とともにユネ

スコの無形文化遺産に登録されました。誤解していけないのは、登録されたのはキムチという食品そのものではありません。韓国政府はキムチとキムジャン文化の二つをユネスコの無形文化遺産として登録を目指したようですが、認められたのはキムジャン文化だけでした。

これは和食が無形文化遺産として認められたことを考えれば当然でしょう。フランス料理も無形文化遺産として登録されていますが、いずれもその料理を生み出し、培《つちか》ってきた文化そのものが登録されたのです。そのため和食もフランス料理も個々の食品名や料理名はありません。

キムジャン文化とは、「韓国の全土で行うキムチ漬け」のことで、寒くて長い冬を過ごすために大量に漬けるため、人びとが助け合って行う韓国人の生活にとって欠かせない越冬の準備を指します。

キムチ漬けは冬場に一斉に行われますが、一年間にわたってその準備が必要です。韓国の各家庭では、春になるとエビやカタクチイワシなどの海産物を塩漬けにして発酵させておきます。夏には天日塩《てんぴじお》の苦味を落としておき、夏の終わり頃に赤トウガラシを干して粉末にしておきます。秋が深まるにつれて、主婦たちはキムジャン日を決めるために天気を気にし始めます。

こうして立冬（입동・イップトン）前後に行われるキムチ漬けは、一年を締めくくる行事

わけぎ（小ネギ）キムチ

で、私が子どもの頃までは、この季節になると会社から「キムジャンボーナス」が父親に支給されていたことを記憶しています。

キムチ漬けの種類、方法、材料、そして保存方法は代々継承されていく〝家庭遺産〟であり、それらはすべてその家族たちの経験に依存しています。嫁は姑《しゅうとめ》から受け継ぐのが一般的で、その家庭のキムチ漬けを覚えることは、嫁が嫁ぎ先の家庭に根を下ろしたことを意味します。

キムチの材料と漬け方が地域ごとに異なる最大の理由は、気温の寒暖差です。北の地域は気温が低いので、キムチの塩加減を薄くし、薬味を淡泊にして野菜の新鮮さを保ちます。南の地域では塩

干しタラ

加減を強めにして漬け、塩味だけでは味が悪いため、春先に塩漬けしておいた海産物やコンブ、シイタケ、煮干し、干しエビなどを煎じたダシ汁を混ぜたりします。またニンニク、ショウガ、トウガラシ、それにもち米をのり状にして加えることで発酵味を出します。西の地域ではタチウオやカタクチイワシなどを、東の地域ではイカやタラなどを、また、中央の地域では生ガキや生エビなどを入れます。

こうしてニンニクや魚介が混ざったキムチ独特の発酵したにおいが生まれます。北のキムチは汁けが多く、淡泊でさわやかな味、南のキムチは赤トウガラシを多めに使い、汁けがほとんどなく濃い味で

甕置き台

す。また中央地域のキムチはハクサイなどの野菜や汁が真っ赤ではなく、淡い赤色になっているのが特徴です。

　キムジャンは、韓国の気候、季節、各家庭の生活環境、食習慣によって多様で、それぞれの地域ごとに定着しています。韓国人が自然との調和を図るなかで育んだ食文化で、地域ごとの生態系をみごとに反映しています。また、キムチの熟成方法（貯蔵方法）も住居環境などと深く結び付いているのがよくわかります。

　それだけにキムジャン文化をユネスコが世界の無形文化遺産として登録したことは大変すばらしいことで、韓国人は誇りに思っていいのではないでしょうか。

　韓国では、キムジャンの季節が近づく

ハクサイ畑

につれて、日本の桜前線ならぬ、キムチ前線の移動がテレビなどのマスコミで報じられ始めます。それだけ韓国人にとっては、冬の季節の到来を知る国民的行事になっているのです。

でも最近は、農業技術の発達や輸入などで、ハクサイなどもほぼ一年中、手に入れられるようになり、キムジャンの季節に大量にキムチを漬け込まなくなってきました。我が家は七人家族で、私が子どもの頃は漬け込むハクサイだけでも百個前後でしたが、現在は家族数の減少もありますが、かつての三分の一程度です。また保存の方法も、かつては甕《かめ》を大量に使い、戸外や土中に埋めたりして保存しましたが、現在では家庭用のキムチ専用冷蔵庫が出回り、大量に漬け込む必要がなくなってきました。

さらに二十世紀後半からは急速な都市化と若い世代に食生活の欧米化が浸透し始めました。その結果、キムチなしでは食事ができないという韓国人が減ってきて、確実にキムチの消費量が減少してきています。

キムジャン文化という点で気になるのは、都市化に伴って韓国でも核家族化が進み、共働きの家族が増えてきていることです。若い主婦はキムジャンの季節にキムチを漬ける時間がなくなり、実家から分けてもらうか、買って来る人が増えてきています。地域共同体の上に成り立ってきたキムジャン文化ですが、都市化と食生活の西欧化は韓国固有の文化の維持を弱めてきているのは事実です。皮肉なことに、キムチ産業は年々、盛んになり、しかし、その一方でそれぞれの家庭や地域で行ってきたキムジャン行事が減少してきています。

自家製キムチは〝おふくろの味〟で、その家庭の味であるはずです。その〝おふくろの味〟を大切にするか否かは、これからの韓国を支えていく若い韓国人の価値観に大きく左右されることになるのでしょう。故国を長く離れ、日本に住む者として、キムジャン文化がユネスコの無形文化遺産として登録されたことを喜ぶとともに、韓国からこのすばらしい文化が廃《すた》れ、ただの〝遺物〟とならないようにと祈るばかりです。

2. 冬至とあずき粥

一年のうちで夜がいちばん長い日といえば「冬至」です。二〇二二年は十二月二十二日がその日に当たります。

日本に来た当初、旧暦に基づいた行事が韓国に比べるとずっと少ないと感じていましたので、日本では冬至にちなんだ行事は、やはり何もしないのだと思っていたものです。

ところが、数年経って、十二月半ば頃からマーケットにカボチャが普段より多く出回り、店頭にユズが並ぶのに気が付きました。よく見ると店内に「まもなく冬至」というお知らせが出ていて、日本では冬至にカボチャを食べ、ユズ湯に入ることを知りました。

冬至を迎えるに当たっての習慣が日本にもあって、それなりの思いで迎えていることがわかり嬉しく思ったのですが、韓国とは違うことにも気が付きました。

そこで、韓国の冬至について少し触れてみようと思います。

かつて中国では、冬至を太陽の運行の起点として、一年の始まり、つまり暦の起点としました。そのため、皇帝は冬至の当日に天に祈りを捧げ、庶民はさまざまな神と先祖を祀り、冬至を祝ったと言われています。

こうした考え方は韓国、日本にも伝えられました。冬至を祝うのは、冬至を境に昼の時間が少しずつ延びていくためで、生命の恵みをもたらす太陽の光が次第に豊かになっていくこととも関連していたと思われます。

古来、韓国では冬至はめでたい日であったため、貴族は祝宴を開いたり、役人たちに暦を贈るなどしていました。補足しますと、陰暦五月五日の端午には人びとが扇を贈り合う習慣があって、「夏扇冬暦」（하선동력・ハソントンニョク）と言われていました。

冬至こそ新しい一年の第一日目だったわけで、冬至は正月の起源といえるでしょう。なお、ここでいう冬至はすべて太陰太陽暦（旧暦）ですので、十一月が「冬至月」と定められ、冬至は必ず十一月中ということになっていました。ただし、冬至の日付は決まっていませんでした。

韓国の冬至（동지・トンジ）で欠くことができない食べ物があります。それは「あずき粥」（팥죽・パッチュク）です。この冬至のように決まった日に食べる食事を「節食」（절식・チョルシック）と呼びます。

冬至は二十四節気の一つで、冬至にあずき粥を食べる習慣は韓国独特のものではなく、中

あずき粥

国から伝えられました。そういえば、日本でも小正月《こしょうがつ》の一月十五日に邪気を払い、一年の健康を願ってあずき粥を食べると聞いたことがあります。地域によっては日本でもあずき粥を食べるようですから、韓国と同じような習慣が日本にも残されているということでしょう。

あずき粥は、あずきとお米を一緒に煮て作ります。もち米の団子（새알심・セアルシム）が入る場合もあり、この団子を歳の数だけ食べると一年を無病息災で過ごせると言われています。ただ、お年寄りが年齢の数だけ食べるわけにもいきませんから厳密に実行されているわけではありません。

でも、なぜあずきなのでしょうか。

あずき粥

楢《なら》木《き》末実《すえみ》著『朝鮮の迷信と俗伝』（新文社、一九一三年）には、

「伝染病の神は豆が大嫌いである、故に冬至の日は壁や大門（本門）などに豆の粥を塗るとその鬼神が逃げて往く」

と記されています。今から百年以上前に韓国で刊行された書物ですので、このように記された風習は今よりずっと生活に強く結び付いていただろうということは容易に推測できます。

いずれにしても、悪魔や鬼神は豆が大嫌いというわけで、あずきのご飯が祈祷の際に使われていました。また、赤色には厄除けの力があるとされ、そのため、あずき粥を食べる習慣が伝えられてきたのでしょう。

中国にもあずきに関わるおもしろい話があります。いくつものバリエーションがあるようですが、その一つを紹介します。

ある村に親不孝者の息子がいて、いつも親を困らせていたそうです。その息子が冬至の日に死にました。ところが、この息子、死んでも親を困らせることをやめず、伝染病などを村中にはやらせる疫病神になって村人を苦しめました。ある時、母親は息子のあずき嫌いを思い出し、あずき粥を作って家中に撒《ま》くと、その疫病神は逃げ出していってしまったそうです。

赤色のあずきに厄除けの力があると信じられているのは事実で、我が家では知人などに不幸があって、葬儀に出た後の帰宅時にあずきと塩を自分の背後に何回か撒いてから家に入るようにと母親からいつもあずきと塩入りの袋を持たされたものです。日本に来てからも私はこれだけは実行しています。日本でも葬儀からの帰宅時に家人が塩を当人や周囲に振りかけると聞いたことがありますが、それと共通した思いが込められているのでしょう。

韓国では、あずき粥を玄関の柱にかけたり、部屋に撒いたりしていましたが、あとの掃除が大変だという合理精神が勝って、今ではほとんど行われなくなってしまいました。

また、冬至に「蛇」という文字を書いた紙を逆さにして壁や柱に貼ると、家に悪魔や鬼神が入ってこないとも言われています。さらに冬至が暖かいと、翌年は病死する人が増え、大雪の寒い日だと豊作になると言われています。日本でも、冬至に天気がよければ翌年は豊作、

あずきの餅

雷が鳴れば雨が多く、雪が降れば豊作などと言われていて、韓国と似ていておもしろいと思います。いずれにしてもどこまで信じるかはあなた次第というところでしょうか。

こう見てくると、あずき粥を食べるのは、赤い色が悪魔や鬼神を追い払うためで、厄払いや魔除けの意味が込められているのです。

冬至に関係ありませんが、韓国では、男の子が生まれると玄関に赤いトウガラシを吊り下げることが今でも行われています。これなども悪魔や鬼神から子どもを守る意味が込められているからです。日本でも鳥居が朱色に塗られていたり、お守り袋に赤い色が使われているのも悪

ダイコンの水キムチ

魔や鬼神が嫌がるからだと聞いたことがあります。

話を戻しましょう。

二〇一四年は「朔旦《さくたん》冬至《とうじ》」（삭단동지・サックタントンジ）と呼ばれる十九年に一度巡ってくる特別の冬至でした。これは旧暦の十一月一日、つまり、新月の日と冬至が重なります。暦が正確に運用されていることを証明するもので、盛大に祝ったそうです。ただし、陰暦十一月十日以前に冬至が来る場合は、子どもがあずき粥を食べると病気になると言われ、あずき粥ではなく「あずきの餅」（팥시루떡・パッシルトック）を食べさせるという風習があります。

また、あずき粥のほかに、ダイコンの

水キムチ（동치미・トンチミ）や、練ったもち米を茹でて、大豆やゴマなどをすりつぶした粉をまぶした餅（각색경단・カクセッキョンダン）、ショウガや桂皮で作った甘味飲料（수정과・スジョングァ）なども冬至の「節食」ですが、最近では作るのが大変という理由で、あずき粥ほどには一般家庭では作られなくなっています。

少し寂しい気もしますが、祖先が残してくれた貴重な冬至の過ごし方、ここにはさまざまな生きる知恵が込められています。せめてあずき粥を作って、これからの一年、無病息災を祈りながら、いちばん長い夜をゆっくりと過ごしたいものです。

3. 韓国のお正月、そしてお雑煮

「二〇二二年二月一日」といっても、日本ではほとんどの方が「さて何の日?」と思うに違いありません。でも、韓国人で「二月一日」がわからない人はまずいないはずです。

韓国人にとって、一年の生活のなかで大変重要な節目《ふしめ》となる名節「명절」(ミョンジョル)の一つが旧暦の一月一日で、二〇二二年は「二月一日」が新しい年の第一日目に当たりました。韓国では「설날」(ソルラル)といいます。「설」(ソル)が正月を意味し、「날」(ラル)は「正月の日」を意味します。

韓国で名節の前後の日と合わせて三日間が公休日となるのは、「秋夕」(추석・チュソク)と、この「설날」(ソルラル)だけです。

韓国人にとって二大民族イベントと言っていいでしょう。この二つの名節では、どの家庭もたいてい墓参をしますから、「설날」(ソルラル)前後は故郷に帰省する人びとの民族大移動が起きます。たとえば、ソウルから釜山まで、通常なら車で五時間程度ですが、たいてい

お雑煮

倍の十時間を覚悟しなければならなくなります。

二〇二二年の「설날」（ソルラル）当日となる二月一日は火曜です。そのため前日の一月三十一日（月曜）と翌日の二月二日（水曜）が祝日となります。通常、土・日曜の週末は休みですので、二〇二二年は最大五日間の連休となります。多くの会社が休みなのは言うまでもありませんが、飲食店やその他の商店も連休中は閉店するところが多くなります。市場も連休中はほとんどの店が休みます。

一方、新暦の一月一日は韓国人にとっては普通の日と言ってよく、私なども長年、日本に住んでいますが「설날」（ソルラル）になって初めて、正月を迎えた

という気分になります。

私が小さい頃、正月を待ち望んだのは、一つは、ごちそうが食べられたからです。そして、もう一つは、親や親戚の人からお年玉がもらえたからです。その意味では、日本の子どもと同じような気持ちで正月を迎えていました。

ですから現在、すさまじい交通渋滞にもめげずに、韓国の人びとが故郷を目指すのは先祖への墓参という意味もありますが、もう一つは、家族や親戚が久しぶりに顔を合わせる絶好の機会だからです。

元日の朝、つまり、「설날」（ソルラル）の朝は、まず元日用の食べ物である「歳饌」（세찬・セチャン）、元日用のお酒である「歳酒」（세주・セジュ）を並べ、先祖への祭祀を行います。「歳酒」は「설술」（ソルスル／설날《ソルラル》の酒という意味）と呼ばれ、温めず、冷たいままで飲みます。そして、「歳饌」の代表的な食べ物が「떡국」（トックック）です。祭祀が終わると、お供えした食べ物をみんなで食べます。

また、日本の年始回りと同じように、家族や親戚、近所に住む目上の人に年始の挨拶「歳拝」（세배・セベ）をすることもあります。日本の「新年明けましておめでとうございます」に相当する言葉は「새해 복 많이 받으세요」（セヘ ボン マニ パドゥセヨ／新しい年に福をたくさんもらってください）です。

この後、墓参をするのが一般的です。我が家では公共事業の土地整理のためにお墓がなくなってしまい、納骨堂に祖母と父親の遺骨を納めていますので、そこへお参りに行きます。ただ「秋夕」の時もそうですが、「설날」（ソルラル）の日もすさまじい渋滞に巻き込まれるので、できるだけ数日前、それも平日を選んで墓参をするようにしています。

ところで、韓国の正月の代表的な料理といえば、やはりなんといってもお雑煮「떡국」（トックック）です。「떡」（トッ）は餅、「국」（クック）はスープという意味です。日本のお雑煮と似ていますが、大きく違う点があります。それは餅そのものと出汁《だし》です。日本のですから、韓国のお雑煮を見た日本の方は「おやっ？」と思い、食べてみて「違う！」と感じるはずです。

まず餅ですが、蒸した米を臼《うす》と杵《きね》で作るのは同じです（最近は日本と同じように機械で作ることが多くなっています）。そのほか米の粉から作る餅もありますが、ここではお雑煮が話題なので省略します。餅ですから原料は米です。でも日本では、主にもち米を使いますが、韓国では、うるち米を使うのが一般的です。新しい年の第一日目に食べる「떡국」（トックック）は白く、「歳を食う餅」という意味の言い方もあり、長寿を意味します。

韓国では、祭祀やお祝い事に餅は欠かせません。「秋夕」には「송편」（ソンピョン／松葉蒸し餅）を食べ、子どもが生まれて百日目や一歳の誕生日には「백설기」（ペクソルギ／う

ソンピョン（松葉蒸し餅）

るち米の粉で作る白い餅）が付き物です。
また、旧暦の三月三日の桃の節句「삼짇날」（サムジンナル）では、ツツジの花を載せて焼いた餅「화전」（ファジョン）を食べます。

いずれにしても、うるち米からできた餅は、日本の餅の食感とは当然異なっています。どのように違うのかは食べてみればすぐにわかるのですが、うるち米の餅は粘り気が少なく、弾力があります。加熱しても崩れることはありません。ですから、日本の方には餅という感じがしないのではないでしょうか。日本ではよく、お年寄りが餅を食べてノドに詰まらせるという話を聞きますが、韓国の餅には粘り気がありませんから、切れにくいということはありません。

そのほかに、うるち米の粉に水を加えて蒸した蒸し餅「시루떡」（シルトック）があり、これは蒸しパンのような食感です。

韓国のお雑煮に入れる餅は、棒状の餅「가래떡」（カレトック）を薄く斜めにスライスしたものですから、日本の四角、あるいは丸くて大きい餅とは形も違っています。

さてもう一つ、日本のお雑煮と違うのが出汁です。日本でも、お雑煮の出汁は地域によってさまざまだと聞いています。韓国では、地域というより家庭によって違いがあります。

ただ、日本のお雑煮の出汁はすまし汁が主流で、関西地域では、白味噌仕立てが多いとのことです。出汁の素になるのは、これも地域差があるようですが、コンブ、カツオ、煮干しなどが使われていて、いわゆる和風出汁です。

また具材には、焼いた餅（焼かない地域もあります）、豆腐類、イモ類、鶏肉か、それを肉団子にしたもの、青味の野菜、彩り用にニンジン、ダイコン、蒲鉾、エビ、それにミツバなどが入れられるようですが、これもやはり地域差があるようです。

では、韓国のお雑煮の出汁は？

日本の出汁と決定的に違うのは、肉類から出汁を取るということでしょう。昔は多くの家でキジ「꿩」（クォン）肉を煮込んで食べていました。でも、キジが手に入りにくくなった

トックッㇰ(お雑煮)

現在では鶏肉を使う家庭もあります。そのためでしょうか、韓国人なら誰もが知っている言い方ですが、日常的な会話のなかで、「これがなければあれで」という意味でよく「꿩대신 닭」(クォンデシン タック/キジの代わりの鶏)という言い方をします。

近年、一般的には牛骨か牛肉を煮込んで取った出汁を使う家庭が多く、我が家でも牛肉の出汁を使います。これに醤油、塩、コショウ、ニンニク、ネギなどで味を整え、そのなかにスライスした「가래떡」(カレトック)、牛肉そぼろ、金糸卵、刻み海苔、白ゴマを入れます。ただし、これも各家庭によって具材や味付けはそれぞれです。

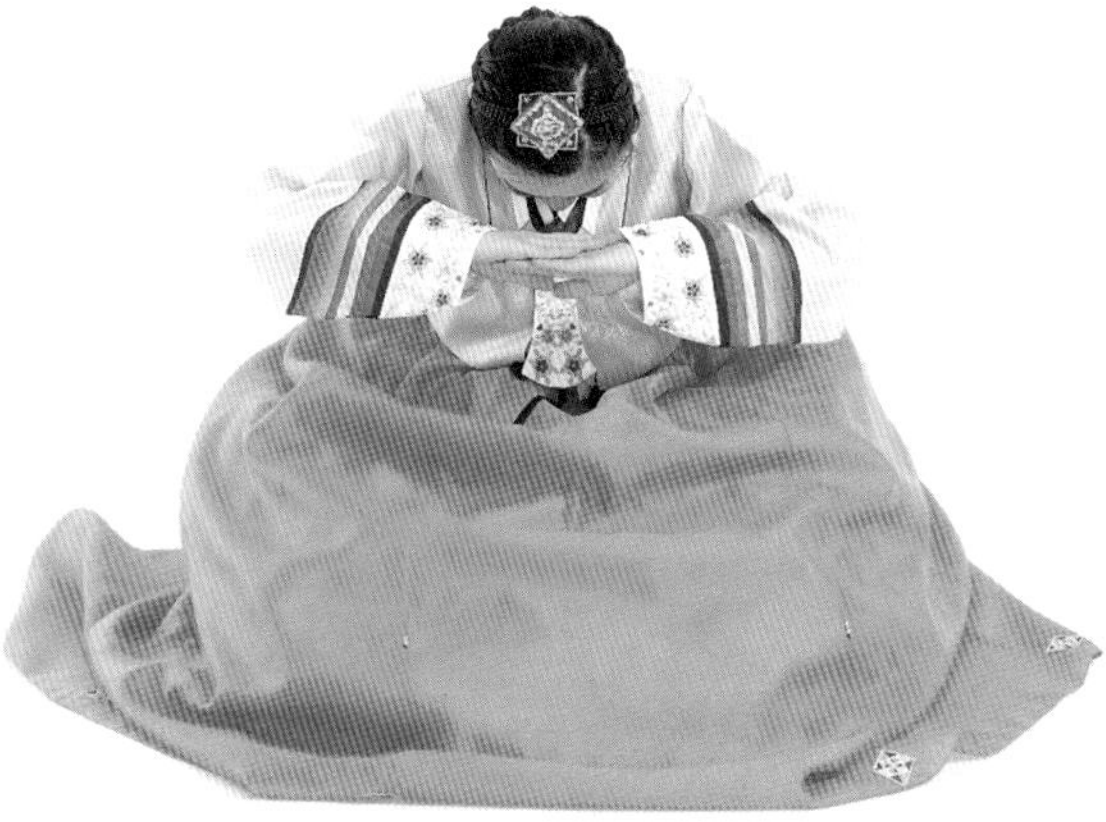

伝統的な丁寧な挨拶

たとえば、我が家では兄（次男）が小さい頃から肉類を食べず、やがて自覚的にベジタリアンになってしまったので、母はこの兄のためだけに干しタラや煮干しなどで出汁を取ってお雑煮を作っていました。したがって、我が家では韓国風と和風、二つの出汁を使ったお雑煮を母は作っていたことになります。

お正月になりますと、「새해 복 많이 받으세요」（セヘ ボン マニ パドゥセヨ）の挨拶があちらこちらで聞かれることでしょう。そして、我が家でも懐かしい母の「떡국」（トックック）が作られることでしょう。

4. 包み食文化

韓国料理店へ出かけて焼肉を注文すると、「상추」（サンチュ）と呼ばれる野菜が出てくることがあります。今でこそ「サンチュ」という韓国語名がそのまま日本で受け入れられ、スーパーマーケットにも出回っていて、日本でもすっかり馴染みのある野菜となっています。でも、この「サンチュ」が日本で馴染みある野菜になったのは、一九八六年、八八年に韓国でアジア大会と夏季オリンピックが開催され、激辛ブームなどで韓国への関心が高まり、韓国料理が日本に大いに紹介され、受け入れられるようになってからだと言われています。

ところが、中国、あるいはイラン、イラクあたりが原産だとも言われているこの「サンチュ」、実は奈良時代（七一〇〜九四年）にはすでに日本に伝えられていて、「包菜《つつみな》」「掻《か》き萵苣《ちしゃ》」「茎萵苣《くきちしゃ》」などと呼ばれていました。明治以前には日本でもおひたしなどにして一般的に食べられていたようです。つまり、忘れられていた野菜が一九八〇年代以降、韓国料理の普及で「サンチュ」として、あらためて日本の食卓に並ぶようになったというわけです。

私がおもしろいと思ったのは「サンチュ」が日本でも「包菜」と呼ばれていたことです。韓国には「包む」という食文化があるのですが、その食文化を支える代表的な野菜の「サンチュ」が日本でも「包む」に関わる食べ方があったようで、だからこそ「つつみな」と名付けられたのではないでしょうか。

そうだとすると、食物を何かで包んで食べるという食べ方は、どうやら韓国だけとは言えないようです。確かに思いつくままに言えば、日本の「おいなりさん」は甘じょっぱく味付けした油揚げにご飯を入れて包み込んだものですし、中国ですぐ思い付くのは、北京ダックや餃子、春巻きでしょう。そして、餃子のような食べ方はアジアだけでなくヨーロッパにもあります。

人間が食べるという行為で、ある食べ物を何かに包んで食べることは地域、民族を越えて広く行われていると言ってよさそうです。

にもかかわらず、韓国では、食物を何かに包む食べ方は、日本と比べてかなり多いように思います。手のひら大で薄手で、穀物や肉などが包めそうなものなら何でも包んで食べる傾向があります。ですから、焼肉だけでなく刺身や焼魚、煮魚を食べる時にも葉もの野菜に包んで食べることもあります。時には野菜（サンチュ、サニーレタス、エゴマの葉、蒸したキャベツやハクサイ、カボチャの葉、大豆の葉等々）だけでなく、コンブなどでも包みます

サムバプ

し、包むには不適当な青トウガラシやセリ、ネギ、シュンギクなどは包み込む材料として使われます。このように何かに包む食べ方が生活に根付いていますから、当然こうした食事には呼び方があって、「쌈밥」（サムバプ）といいます。「쌈」（サム）が「包む」、「밥」（バプ）が「ご飯」の意味で、強いて訳せば「包みご飯」となります。そして、「サムバプ」に欠かせないのが「쌈장」（サムジャン）で、乗せた食べ物につける独特の味噌です。これも強いて訳せば「包み味噌」でしょうか。

この「サムバプ」の歴史は古く、高麗（고려・コリョ）時代（九一八～一三九二年）の後期にはすでにあったと

されていて（日本では鎌倉時代から室町時代頃）、農民たちが考案した食べ方だと言われています。当初は葉もの野菜に穀物を乗せ、味噌などと一緒に包んで食べていたようで、高麗時代の農村版ファストフードとでも言えそうです。この当時は、おそらく穀物だけを葉ものに包んで食べていて、肉や野菜も乗せて食べるようになったのは朝鮮時代（一三九二～一九一〇年）に入ってからだと言われています。

また、包んで食べるということでは、四世紀頃から七世紀頃まで存在した高句麗《こうくり》（고구려・コグリョ）、百済《くだら》（백제・ペクチェ）、新羅《しらぎ》（신라・シルラ）の三国時代を記した『三国《さんごく》遺事《いじ》』には、小正月《こしょうがつ》の風習として「복쌈」（ボクサム／福裏）を食べるという記述があります。これは海苔や野菜でご飯を包んで食べることで、福を包んで食べるという意味があったようです。ただし、こちらは特別な日の、特別な食べ物として「包む」食べ方があったことになります。「サムバプ」よりさらに古い時代から「包む」という食べ方があって、それが残されてきたことになります。

ところで、韓国では、近年「包む」に関わる「삼각김밥」（サムカクキムバプ）が大変な人気食品になっています。日本語に訳せば「三角海苔巻き」となり、日本でお馴染みの「おにぎり」のことです。韓国のコンビニで「サムカクキムバプ」の売り場だけを見ますと、まるで日本のコンビニのおにぎり売り場にいるような錯覚に陥ってしまいます。

サムバプ

おもしろいことに、この「サムカクキムバプ」が人気食品となる以前から韓国には「주먹밥」（チュモクバプ）という食品がありました。「주먹」（チュモク）は「握りこぶし」、「밥」（バプ）は「ご飯」の意味ですから、日本的にいえば「握り飯」、つまり「おにぎり」です。

ところが、韓国人の多くはこの「チュモクバプ」にはほとんど見向きもしませんでした。私も食べるなら「김밥」（キムバプ／韓国風海苔巻き）のほうで、「주먹밥」（チュモクバプ）はほとんど食べたことがありません。「삼각김밥」（サムカクキムバプ）はよく食べますが。

韓国人が嫌った理由は、中国と共通しているのですが、ご飯は温かいものを

食べるという習慣があること。また、冷たくなったご飯の塊《かたまり》などは、貧しい者や施《ほどこ》しを受ける者が食べるものという認識があること。さらには、緊急避難的な非常食、あるいは携帯食といったイメージが根強いことです。それには朝鮮戦争（一九五〇年六月二十五日〜一九五三年七月二十七日、韓国では「韓国戦争」「韓国動乱」と呼ぶ。開戦日の六月二十五日にちなみ「육이오・ユギオ」とも呼ぶ）時代に体験した苦しく困難だった生活の記憶と結び付いていて、思い出したくないという人も多いからのようです。

そのようなイメージでしか見られていなかった「おにぎり」が、なぜ韓国で人気食品となったのでしょうか。

それには業者の商品開発や販売方法などの企業努力は見逃せません。ただし、「チュモクバプ」を「サムカクキムバプ」と名前を変えただけでは韓国人には受け入れられなかっただろうと思います。

受け入れられた一つの要因として、私は「包むという食文化」が大きく関わっていたのではないかと見ています。日本では「おにぎり」と言っても、必ず三角形をしていて、海苔で包まれているものだけでなく、海苔なしなどもいろいろあり、形もさまざまです。

でも、日本式のお米だけの、あるいは海苔が部分的についているそれでは、韓国では、「チュモクバプ」のイメージから抜け出ることはできず、売れなかったに違いありません。

キムバプ

海苔で包み、韓国風の味付けにしたからこそ、一大ヒット商品となったのだと思います。なぜ三角形になったのかと言いますと、日本のコンビニ業界の食品販売部門で活躍した日本人が韓国企業から招かれ、日本風のおにぎりを定着させようと奮闘した結果でした。

この日本の企業マンが韓国の「包み食文化」について、どれほど把握していたのかわかりませんが、〝海苔で握り飯を包む〟ことは、韓国人の食の嗜好《しこう》にみごとに合致していたと言えそうです。しかし、韓国ですぐさま広く受け入れられたわけではありませんでした。ただ、二〇〇〇年以降に「サムカクキムバプ」がこれほどの人気商品となる後押しをし

サムチェソ

たものがあると私は思っています。

それはすでに韓国人の食生活に根付いていた「김밥」（キムバプ）の存在です。

何種類もの具がご飯の間に幾層にも重ねられて海苔で巻かれた「キムバプ」から、多様な具がそれぞれご飯のなかに詰められ、海苔で包まれた「サムカクキムバプ」への移行は、韓国人にはさほど抵抗なく受け入れられていったのではないでしょうか。

「サムバプ」（包みご飯）は、型にはまったものではなく、大変自由な食べ方ができる食品とも言えます。〝十人十色〟という言い方が日本にはありますが、まさに〝十人十食〟で、同じ具材を使いながら十人いれば十種類の食べ物ができると言っていいでしょう。

韓国のスーパーマーケットにはサンチュのほかに包める野菜（쌈채소・サムチェソ）の売り場があります。食べたい包み野菜を好きなだけ選べるように、たいてい量り売りになっています。日本ではなかなか手に入らないだけに、私は韓国に帰った時にはいつも食べたいと思っていた包み野菜を買うために必ずマーケットに立ち寄ります。マーケットには何種類もの包み野菜が売られていますが、おもしろいことに地域によって野菜の種類が変わります。

ご飯、肉や魚などを野菜その他で包む「サムバプ」は気取った食べ物とは言えません。自分好みの具を自分好みの量だけ包み込むものに乗せ、自分好みの味付けをして包んで、ひと口で口に入れる食べ方には〝お上品〟は似合いません。

この気楽さとさまざまな味を一度に味わえることを特徴とした「包み食文化」は、これからも韓国の食事形式の一つとして消えることはないでしょう。

5. 焼肉のルーツ

日本で韓国の食事として、多くの人がすぐに思い浮かべる一つに焼肉があります。主に牛肉、豚肉が使われますが、豪快に骨付き肉を食べるのであれば、豚肉が一般的です。理由は簡単で、豚肉のほうが安いからです。私は牛肉をそのまま焼いて食べることもありますが、薄切りの牛肉にほかの野菜などを切って入れて、私好みの味付けをしてから煮込んで食べる「불고기」（プルコギ）が好きです。そのほか豚肉なら角煮、牛肉なら塊肉《かいにく》をスープの材料としてもよく使います。

このように、現在、韓国人が日常的に肉を使った料理を食べる機会は日本より多いと言えます。二〇二一年版 OECD-FAO「農業アウトルック」によりますと、韓国人の牛肉・子牛肉の一人当たりの年間消費量は一二・四kg、豚肉は三一・三kg、家禽肉《かきん》は一九・六kgでした。それに対して日本人は牛肉・子牛肉の一人当たりの年間消費量は七・七kg、豚肉は一五・九kg、家禽肉は一八・四kgですから、韓国の一人当たりの牛肉、豚肉、鶏肉などを合わせた消費量

プルコギ

は日本の約一・五三倍になります。
ちなみに世界平均では牛肉・子牛肉の一人当たりの年間消費量は六・二kg、豚肉は一一・八kg、家禽肉は一五・一kg、羊肉は一・八kgでした。

紀元前に朝鮮半島に住み着いた韓国人の祖先は、狩猟、牧畜が主な生活スタイルでした。そのため肉食は当然のように行われていました。この時代の人びとは肉を串刺しにして火であぶって食べていたと考えられていますが、これが肉の丸焼きの原点と言えるかもしれません。

四世紀過ぎには、朝鮮半島は北部の高句麗《こうくり》（고구려・コグリョ）、南西部の百済《くだら》（백제・ペクチェ）、南東部の新羅《しらぎ》（신라・シルラ）の三国時代となり、中

牛肉の炭火焼き（トックカルビ）

国から仏教が伝来しました。そのため、仏教の戒律《かいりつ》によって肉食文化が後退し、米、麦、大豆など穀物栽培を中心とする農耕文化へと移行し、牛や馬は穀物生産のための貴重な家畜として扱われるようになりました。それでも仏教伝来当初は、肉食は維持されていましたが、六世紀からは厳しく禁止されました。高句麗、百済から始まり、最後に新羅が殺生《せっしょう》を禁じ、統一新羅の時代（六七六～九三五年）には殺生厳禁で魚を食べることすら禁止しました。

　興味深いのは、中国では、僧侶を除いた人びとの間では肉食禁止は浸透せずに食べ続けられていたことです。一方、日本では、肉食禁止が一般庶民の間にまで

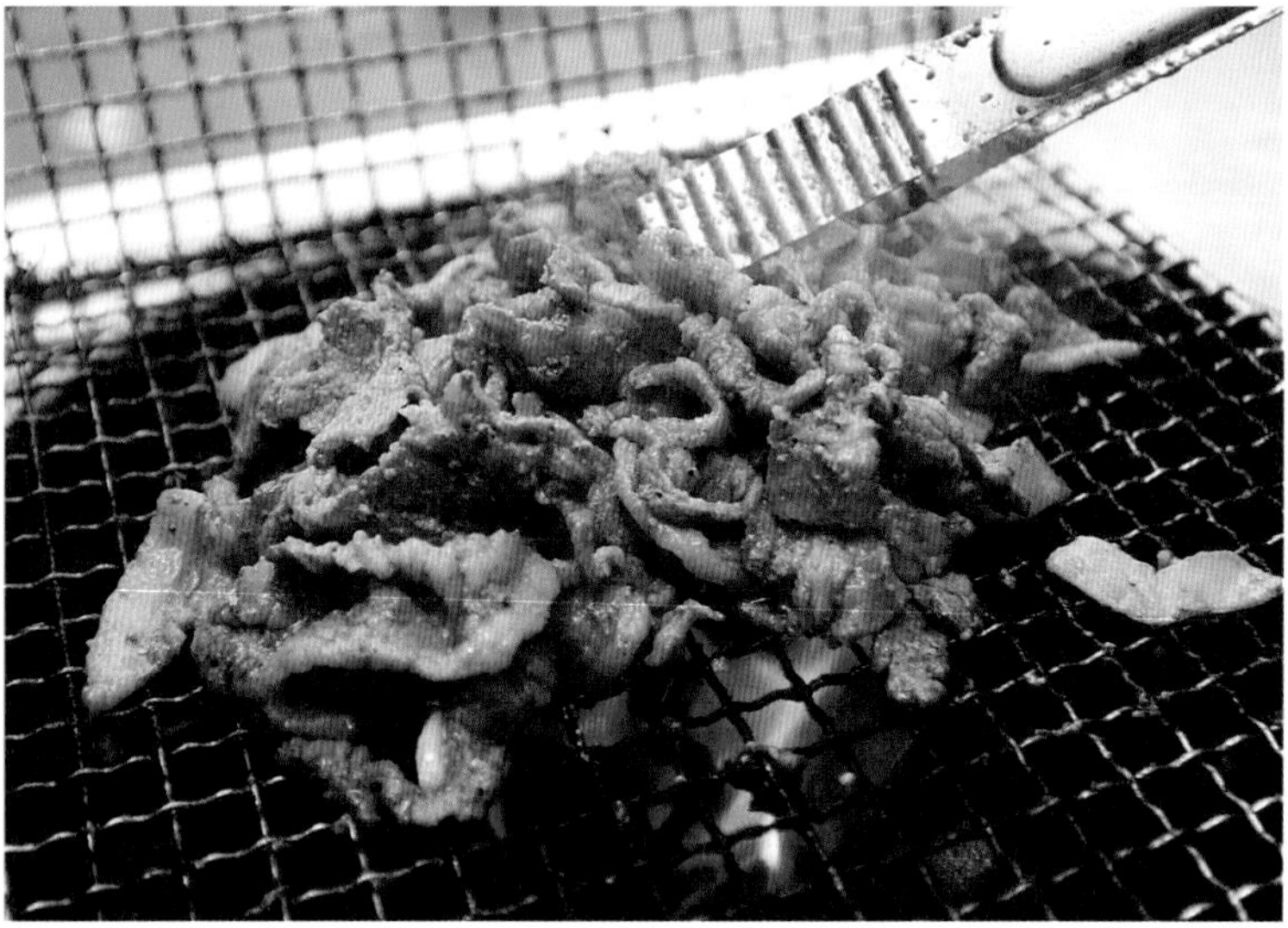

豚肉の炭火焼き

定着し、長く守り続けられました。飛鳥時代の六七五年には天武天皇が「殺生禁止令」を出しました（六四五年の「大化の改新／乙巳《いっし》の変」から三十年後）。時代的には朝鮮半島とほぼ同じ時代と言えます。ただし、肉食禁止の対象は牛・馬・犬・鶏と猿でした。また、この禁止令は毎年四月一日～九月三十日までの農耕期に限られ、鹿や猪は対象外で、商業的な狩猟は認められていました。

これ以降、日本では、奈良、平安、鎌倉時代にたびたび肉食禁止令が出され、明治天皇自身が一八七二年に牛肉を食べるまで、およそ千二百年間、公式には肉食は禁止されていたことになります。日本で肉食が認められたのは、「脱亜入欧《だつあにゅうおう》」

牛肉の骨を煮込んだスープ(ソルロンタン)

という言葉に象徴されるように、激しい西欧化によるものだったと考えられます。

一方、朝鮮半島での肉食は他民族の侵入によって、いわば強制的に始まりました。

中国から伝えられた穀物文化によって酒、味噌、醤油をはじめ穀物の加工食品が盛んに作られ、野菜の漬け物など（赤トウガラシを使った辛いキムチはまだ登場していません）も食べるようになっていた朝鮮民族は、こうした食文化をおよそ六～七百年間、維持していました。つまり、日本と同様に肉食文化と言えるものが誕生する素地がまったくなかった時代が長く続いたことになります。

ところが、モンゴル族（当時、中国を

支配して「元朝」を建てていた）が一二三一年から一二七三年にかけて六回侵攻し、殺生が禁止されていたにもかかわらず、元《げん》の使者のために肉の食事を用意しなければならなくなりました。この頃に考え出されたのが牛肉のスープ「설렁탕」（ソルロンタン）の源流になったと言われています。その後、約八十年間、モンゴル族の支配下に置かれることになりました。

朝鮮民族とモンゴル民族の戦いは穀物中心の農耕民族と肉食中心の遊牧民族の戦いとも言えるものでした。結果的に朝鮮民族はモンゴル民族の肉食中心の食文化の影響を徐々に受けていくことになります。

モンゴル族は支配した朝鮮半島の各地に、平時は遊牧や農耕に従事し、戦時には兵士となる部隊を置き、彼らは自分たちの食料を確保するために牧場を作っていきました。こうして食料として家畜を飼うという新しい生活スタイルが朝鮮半島に入り込みました。

現在、韓国の南部にある島・済州島（제주도・チェジュド）には「조랑말」（チョランマル）と呼ばれるモンゴル馬の子孫となる小型馬がいるのは、こうした歴史的な経緯があったからです。

ただ、仏教を信仰していた庶民が肉食をすぐさま取り入れたわけではなく、モンゴル人の肉の料理法や味付け方法などを真似ることから、次第に仏教の戒律が崩れていきました。し

骨付きカルビ焼肉

かし、朝鮮半島に肉食文化が定着する大きな転換は、一三九二年からの朝鮮時代になってからでした（日本では、足利義《あしかがよし》満《みつ》が第三代将軍となった室町時代）。

朝鮮時代はそれまで国の精神的な柱としていた仏教を捨てて、仏教と同様に中国から移入された儒教を国の教えとしました。その結果、仏教の戒律であった殺生禁止、肉食禁止を廃止しました。

モンゴル民族の肉食文化が朝鮮半島に入り込んで、すでに百年ほどが経過していたのと、儒教は「礼」を重んじ、日常生活での祖先崇拝、祭祀儀礼、冠婚葬祭などでの飲食が盛んに行われるようになったことで、さまざまな料理が作られるようになり、肉料理も積極的に取り入れられていきました。

ただし、肉料理が解禁になったとはいえ、庶民が食べることができたのは特別な儀礼が行われる時で、日常的に食べることができたのは貴族だけでした。その貴族が当時、考え出したのが「너비아니」（ノビアニ）という、牛肉を薄切りにして切り込みを入れ、味付けして網で焼く料理でした。韓国では、ごく一般的な冷凍食品として人気があり、一時期は学生の弁当のおかずとしてもよく使われていました。現在、多くの韓国人に親しまれている料理の一つ「불고기」（プルコギ）の原型と言えます。

このように、韓国での肉食文化は七百年間ほど断絶の後、今から六百年ほど前から再び始まりました。ところが、少し意外かもしれませんが、日本の食生活にもすっかり定着している、目の前で肉などを焼きながら食べるお馴染みの焼肉スタイルの歴史はそれほど古くありません。しかも、焼肉スタイルの発祥地は日本なのです。もっとも、これには少し説明が必要です。

私が言う「焼肉」とは、すでに書きましたように、主に牛肉や豚肉、あるいはその内臓にタレをつけて、網などに乗せて直火で焼きながら食べるもので、ステーキ店での焼肉や陶板《とうばん》焼き、焼鳥のような串焼き、野外でのバーベキューなどではありません。

公式には肉食は禁じられていましたが、韓日の人びとはどの時代でも、肉を焼いて食べる

豚バラ焼肉(サムギョプサル)

というスタイルは古代から間違いなくありました。長く肉食が禁じられていた日本ですら、山間部の日本人は鳥やイノシシなどを捕《と》って直火で焼いて食べていました。でも、それはあくまでも個別的なことで、一般庶民の食生活にまで浸透していたわけではありません。

時代の動きが人間の生活に影響を与えることは歴史が証明していますが、日本が一九一〇年に朝鮮半島を日本の領土とした時も例外ではありませんでした。

朝鮮半島から多くの人が日本に移住し、プルコギのような肉の食べ方が日本に伝えられました。最初に伝えられたのは大阪だったと言われていて、一九三〇年代の日本には、すでに朝鮮半島の食事を食べさせる朝鮮食堂がありました。それに加えて肉を焼いて食べさせる焼肉食堂が生まれ、やがてお客自身が自分で肉を焼くスタイルが取り入れられました。

このように、現在の「焼肉」は日本に住んでいた朝鮮半島の人びとが考え出した食べ方だったのです。それが朝鮮半島や満洲地域（現在の中国東北部）に逆移入され、次第に人びとに知られていきました。

韓国では、かなり古い時代から現在のような焼肉が食べられていたと思っている人が日本では少なくないようですが、その歴史は実は浅いのです。

焼肉が韓国人の生活に溶け込んだのは、朝鮮戦争（本書四一頁三行目参照）後、貧しい生活のなかで満足に食事を作ることができない時に、屋外で肉を焼いて食べたのが、現在の焼肉の始まりとなりました。

こうして焼肉のスタイルが韓日両国の人びとの食生活に定着していきましたが、両国で異なる点がいくつかあります。

日本では、焼肉屋に入れば牛肉も豚肉も食べられますが、韓国はカルビやロースなどの牛焼肉専門店、「삼겹살」（サムギョプサル）や「돼지갈비」（テジカルビ）などの豚焼肉専門店というように、肉の種類によって店が異なります。また、基本的に肉に味が付いているのが韓国の焼肉で、日本のように焼いた後にタレをつけて食べることはほとんどありません。

また、サンチュなどの葉物野菜に包んで豪快に食べるのが一般的です。さらにホルモン（内臓）を焼いて食べることが日本ではかなり以前からありましたが、韓国では、最近になってホルモンを提供する店が多くなりました。

このように焼肉料理で両国には多少の違いはありますが、基本的にはただ焼くだけですから、そのシンプルさがおいしさの原点なのかもしれません。

6. 箸と匙《さじ》

「箸」というモノを辞書風に説明しますと、「東アジア地域で広く使われている食器の一つで、食べ物を口に運ぶための細い棒状の道具であり、同じ形態の二本が一対《いっつい》になったもの」ということになるでしょうか。

この程度なら、韓日の若者たちでも説明できるだろうと思います。でも、使われている材質となると、日本の若者なら「木、竹」など主に木製の箸を、韓国の若者なら「ステンレス、銀」など主に金属製の箸を思い浮かべて、箸の捉え方が分かれると思います。箸の材質としては、この他にプラスチック、鉄、象牙等々もあります。

いずれにしても、箸は口に入れますから、口中を傷つけないように表面を滑《なめ》らかにすることもあれば、合成樹脂などでコーティングすることもあります。日本では漆を塗った高級な箸などもあります。

私は日本の学生から次のように質問されることがよくあります。

ステンレス製のスジョ

「日本も韓国も中国の文化的な影響を受けて箸を使いますが、中国、韓国の箸はどちらも使いづらいです。特に韓国の箸はなぜ金属製なのですか？　それに食事では箸だけでなくスプーンも必ず一緒に出てきますね」と。

このように質問する学生には、当然、日本の箸とその使い方がしっかりと認識されていて、しかも、韓国や中国も箸の形状や使い方は同じだという誤った認識があります。こうした質問は、実は学生だけではなく、多くの日本の方がなんとなく感じているものだろうと思います。この疑問は、単に箸そのものだけでなく、まさに箸に関わる食文化や習慣の違いがその背景にあることをよく教えてくれています。

韓国風の食事と箸の使い方に慣れていた私からすると、来日当初は、戸惑うことばかりでした。日本の箸は日本の食文化と結び付いて独特の箸文化を育てており、中国、韓国とも決して共通枠ではくくれない独自の箸文化を持つ国になっています。こう言う私も最近では、かなり日本式の箸の使い方に馴染んでしまっています。

そもそも、世界で箸を使って食事をする人は全人口の三割、ナイフ、フォーク、スプーンで食事する人が三割、残りは手で食べていると言われています。食べ物や調理法の違いが大きな要因であることは想像がつきます。ところが、世界全人口の三割が使う箸はすべて同じ使い方と思っていると、私が来日当初抱いた日本の箸への大きな違和感になったり、前述した学生のような韓国の箸に対する違和感が生じたりすることになります。

おそらく、日本の方は無意識に箸を動かしていると思いますが、「はさむ、運ぶ、つまむ、巻く、切る、すくう、割る、押さえる、混ぜる、はがす、広げる」といった動きを日本の箸は行っています（まだあるかもしれません）。日本の箸は食べ物を口に入れるに際して、非常に多くの役割を果たしているのです。

日本の箸はおそらく食べるために必要なたくさんの機能を課せられているため、中国、韓国の箸よりも短く、軽く、先端が尖った形状になったのでしょう。いろいろな機能を果たすためには、指を動かしやすくして、微妙な操作にも対応できる必要があったからです。ちなみに、箸の長さでは中国がいちばん長く、ついで韓国、日本の順です。そして、中国の箸の先端は円柱形が多く、韓国の箸は四角形で、先端もやや細くなった四角形か長方形です（円柱形もあります）。

私の日本の箸に対する来日当初の違和感はすでに述べましたが、それだけでなく、さらに馴染めなかったのは、ご飯茶碗を手に持って、箸でご飯（特にお粥と汁物）を「まとめて」「はさみ」、口に「運ぶ」という動作でした。

日本の食卓にスプーン（あるいはレンゲ）が並ぶのは、カレーやシチュー、スープ皿で出された汁物を飲むなど、ごく限られた時だけで、多くの場合は箸だけで食べます。でも、韓国は違います。大きく違うと言っていいと思います。

韓国には、「スジョ」という言い方があります。これは「숟가락」（スッカラック／スプーン）と「젓가락」（チョカラック／箸）を合わせた言葉で「箸とスプーン」を指します。韓国では、「수저」（スジョ）として、一つの言葉のように使われていることからもわかるように、食事には必ず箸とスプーンがセットで並びます。しかも、スプーンが主役で、箸は脇役です。日本の方は驚かれるかもしれませんが、ご飯もスプーンで食べて、箸は基本的には使いません。日本の食事風景で箸の主要な役割であるはずの〝ご飯を「まとめて」「はさみ」、

スジョの置き方

口に「運ぶ」〟という動作がないのです。

では、箸の役割は？

箸は基本的には皿に盛られた料理をつまむ時に使います。おかずをつまんだ箸を直接、口に持っていくこともあれば、いったんご飯の器に移して、スプーンでご飯と一緒に食べることもあります。お椀類に入った汁けのある料理は当然、スプーンを使います。なぜご飯をスプーンで食べるのでしょうか。この謎を解くためには韓国の食文化を知る必要があります。

韓国では、食事の際、器を持って食べてはいけないという、最も原則的なルール（食事作法）があります。日本のように、ご飯茶碗やお椀を手に持って食べた

スプーンの使い方

り、飲んだりするのは礼儀に反していると見られます。ですから、箸では食べにくく、おのずとスプーンで食べる、飲むという動作になるのは理にかなっているのです。

言うまでもありませんが、日本で和食をいただく時に、この韓国式の食べ方は特殊な状況を除いてあり得ません。日本では、通常、箸以外に食べる道具は食卓に出てきませんから、私も来日当初は、違和感と抵抗感を持ちながら、茶碗やお椀を手に持って食べたものでした。でも、日本での生活が長くなって、今や日本式の食べ方にも抵抗感はすっかりなくなっています。

確かに、日本の箸は中国、韓国のそれ

より短く、木製がほとんどで、軽く、しかも先端が尖っていますから、たとえば魚の皮を取り、身をほぐし、細かな骨を取ったり、抜いたりするのには非常に優れていると思います。韓国の箸は先端が尖っていませんし、鉄やステンレス製がほとんどですから細かな骨などを取るには不向きです。また、日本のお味噌汁の具にはさまざまな材料が使われます。薄い、柔らかい、ぬめりがあるといった具材をしっかりつかむ必要があり、これにも日本式箸は大変有効です。

私も韓国風のスープはいろいろ作りますが、使う道具はスプーンが主で、わざわざ箸を使って具材を食べることはあまりしません。私が韓国料理を食べる時には、汁物は当然ですが、ご飯もスプーンを使います。この時ばかりはスプーンが主、箸は従の韓国式食べ方というわけです。

ついでに言いますと、韓国でスープにご飯を入れるのは、日本とは違って、ごく日常的な食べ方です。日本では、たとえば味噌汁にご飯を入れて食べると、「猫飯」（ねこめし・ねこまんま）などと言われてしまい、行儀が悪い食べ方になってしまいます。

さて、冒頭で触れたように、韓国の箸はなぜ金属製なのでしょうか。

もともと王侯貴族など、韓国の支配階級が毒殺などを恐れて銀製の食器を使った（銀は毒に触れると変色する）ことから、銀をはじめ真鍮《しんちゅう》など金属製の箸の使用が始まったと言われ

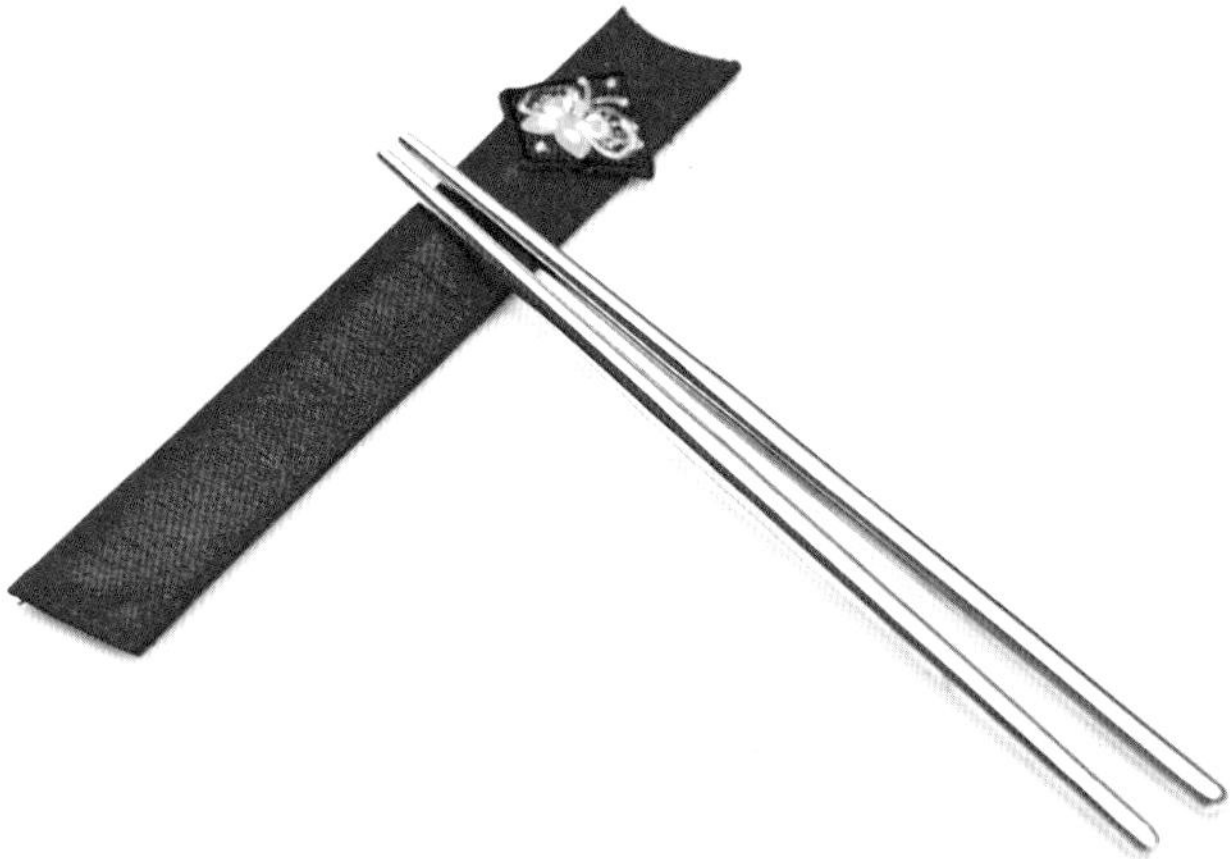

チョッカラック

ています。また、韓国は木材や竹が日本ほど豊かでなかったこと、さらに壊れにくい（折れにくい）材質が好まれたこと、キムチなどのトウガラシを使った料理が多く、洗うのに都合がよい（熱湯消毒に適している）等々の理由からのようです。

韓国と日本の箸の違いは、木製と金属製の違いだけではありません。日本では、各人が専用箸を持っています。また男女、子どもによって箸の大きさが異なります。ですから、「夫婦箸《めおとばし》」や個人名を刻んだ箸もあります。また一膳の箸専用の箸箱といったものまであります。

韓国は日本ほどでないにしても、「夫婦箸」など、特に「銀の夫婦箸」は結婚や還暦などのプレゼントとして人気があります。日常的にはステンレス箸を使用していますが、一般家庭だけでなく、食堂などでも近年は割箸がよりポピュラーになってきています。

もう一つだけ、日本と韓国とで大きく異なる箸の使い方があります。「取り箸」です。日本では、食卓に大皿で並んでいる料理は自分の箸（直箸《じかばし》）では取らずに「取り箸」を使います。韓国にはこの「取り箸」文化がありません（最近はコロナ感染などの懸念から、この「取り箸」を使おうという動きもあります）。

箸という共通の道具を使いながら、戸惑いや違和感を覚えた私の経験が教えてくれたことは、民族が積み重ねてきた文化的な歴史の積み重ねの違いは、それを真摯に受け止めなければならないということでした。

7. 食器あれこれ

「食文化」という言葉はよく耳にしますが、「食器文化」という言い方もあってよいのではないでしょうか。でも、食べることが主で食器は従と思われているのか、あまり聞かないようです。一方で、食器に限定せずに器として見た場合、さまざまな素材を用いて技術的な歴史を積み重ね、伝統性や芸術性が加わった芸術品と呼ばれるまでになっているものも多数あります。

また、日常生活だけで見ても、時代の流れのなかで、人びとが食器に求める利便性や目的が変化することから、時代によって食器も変化してきています。そのため、私たちが日々使っている日用品としての食器からも、その時々の時代と、その時代を取り巻く生活、文化を見ることができそうです。

日本では、豊臣秀吉の朝鮮出兵を境に多くの陶工《とうこう》が日本に渡り、その技術を日本に広めました。有田焼の開祖は朝鮮人陶工の李三平（이삼평・イ・サムピョン）で、日本で初めて白《はく》

陶磁器の食器

磁《じ》を焼いたとして、よく知られています。また、柳宗悦《やなぎむねよし》は朝鮮時代の陶磁器、特に白磁の美しさに魅了されました。

このような韓国ですから、伝統的に陶磁器が日常の食生活で使われてきました。でも、韓国に旅行したり、韓流ドラマを見たりすると、金属製の食器が多く使われていて、日本のように陶器や木製の食器と大きく異なることに気が付くと思います。

私の経験的な観測もありますが、韓国の家庭での食器は、

陶磁器のみ→陶磁器と一部金属製→金属製と一部陶磁器

と変遷してきています。ただそれも、最近は家庭で使う食器にやや変化が起き

土鍋（トゥクペギ）

始めているように感じますが、それについては後で少し触れます。

　食器の形は日本と大きく異なることはありませんが、汁物の容器以外はほぼ蓋付きでした。でも、最近は蓋付きはご飯茶碗だけというのが多くなっています。ただ、それもなくなって、蓋付き容器が少なくなっています。とはいっても、韓国は日本に比べて日常的に蒸し料理が多いですから、蓋付きの小さな丼に蒸し上がった料理を盛るのが一般的です。蓋をすれば温かいまま食べることができるからです。

　また、日本よりも使う機会が多いのが「뚝배기」（トゥクペギ／土鍋）です。真夏でもグツグツ煮立てて食べる鍋物料理

真鍮製の容器

は珍しくありません。一人用からあり、日本の鍋料理がたいてい四、五人で一緒に食べることを想定しているのとは違いがあります。もっとも、日本でも鍋焼きうどんなどには、一人用の土鍋が使われます。

ところで、土鍋を除いたそのほかの容器の素材には、陶器、真鍮《しんちゅう》、銀、ステンレスなどが使われます。真鍮は保温性に優れていますから、寒い季節にはピッタリです。また、陶器は涼しげに見えることから暑い季節用に使い分けることもよくありました。ただ銀と真鍮は重く、管理や保管が難しく一般の家庭ではあまり使われなくなりました。でも、伝統的な素材ですから、今でも高級料理店などでは使われています。

銀と真鍮は、一般の家庭でも比較的備えられています。昔は朝鮮王族や官僚、貴族階層が食器として使っていました。現在では嫁入り道具の一つになっています。

銀と真鍮は耐久性があり、色やにおいが付きにくいことからキムチやトウガラシ、ニンニクをよく使う韓国料理にはピッタリとも言えます。

でも、価格、軽さ、扱いやすさという点では、やはりステンレス素材が優れています。それが韓国の飲食店はもちろん、一般家庭でも大きく普及した理由でしょう。

しかし、韓国で一般家庭にまでステンレス製の食器が普及したのはそれほど古くありません。少なくとも、日本が朝鮮半島を植民地化していた時代（一九一〇～四五年）は陶器が主流でした。

大きなきっかけは、その後に起きた朝鮮戦争（本書四一頁三行目参照）でした。この戦争で全土が戦場となり、野山は焼かれ、物資が不足する状態が続きました。また、戦火を逃れて移動を余儀なくされ、食器も持ち運びに都合がよく、軽いものとしてステンレス製の食器が使われ始めました。さらに、それまで使われていた銅製（真鍮）の食器は銅価格が高騰したため、製品化できなくなったことも要因としてありました。戦争は人びとの生活を脅かし、金銭的にも切り詰めなければならなくなりますから、日用雑貨は安く、長持ちする物が使わ

ステンレスの茶碗

れていったのは当然だったのです。

そして、朴正煕（박정희　パク・チョンヒ）が大統領だった一九六三年から七九年までの間に進められた高度成長政策は、その後「漢江（한강・ハンガン）の奇跡」と呼ばれ、韓国を世界最貧国から脱出させたと言われるようになりました。

こうして、人びとの賃金水準が上がり、生活にもゆとりが出てくると、外食をする人も増えてきました。飲食店ではお客を呼び込むためにご飯を増量するようになり、米の消費量が急激に増えてしまいました。

朴正煕大統領は米消費量の増大を防ぐために、飲食店で提供するご飯の量を一定量に抑える政策を打ち出し、一九七四年に飲食店ではステンレスの茶碗にご飯を入れて提供しなければならないという行政命令を出しました。しかし、それでもステンレスの茶碗にご飯を山盛りにして提供する飲食店が減りませんでした。そのため、一九七六年には、飲食店で提供するステンレスの茶碗の規格を定めて（直径一〇・五cm、高さ六cm）、しかも、ご飯の分量を茶碗の五分の四ほどにしなければならないと決められました。さらに一九八一年からは、この制度が全国的に義務化され、飲食店では必ずステンレスの茶碗にご飯というスタイルが定着しました。

こうして食器のステンレス化は人びとの生活のなかに定着していったと言えるでしょう。日本では、熱いものはステンレス製では持てませんから、熱い料理には陶器や木製の食器を使い、手で持っても熱く感じないようにしています。

ここには両国の食事習慣の違いがあって、韓国では、食器を手に持って食べるのは行儀が悪いとされ、食器はテーブルに置いたまま食べますから、熱くても差し障りないのです。

私が小学生時代、我が家の食器の半分はステンレス製でした。この時代は、おそらく韓国の一般的な家庭では、ステンレス製の食器が主流だったと思います。ところが最近、我が家では陶器製の食器の割合が増えています。理由は陶器製のほうがさまざまな形と色合いのものが多く、無味乾燥なステンレス製より料理がおいしそうに感じられたり、目で器を楽しむ

定食のおかず

ことができたりと、ちょっと贅沢な感覚を求め始めてきているからだと思っています。そして、何よりも母がそれを強く望んでいることが大きいと思います。

また、私が帰国した時に日本の箸をお土産にしたことが何度かあるのですが、私の兄（長兄）は韓国の金属製の箸を使わずに、日本製の木製の箸をずっと使い続けています。ステンレスの箸より指にピッタリして、掴みやすいのだそうです。その点は私も同感で、帰国するたびに使わなければいけないステンレスの箸が苦手になっています。

このように我が家の食器使用の移り変わりを見ていますと、韓国の食器も金属製主流から、かつての陶器製主流に変化していく可能性は否定できないでしょう。

一方で、最近は銀・銅製の食器がまた使われ始めてきています。

その理由は、健康志向が高まって、口にする食べ物に添加物が多く含まれている場合が多くなってきているからです。もちろん、それらが人体に悪影響を及ぼす可能性があり、食べ物に含まれているかもしれない毒性の反応を見ることができるからというのが、その理由です。

かつては毒殺を恐れて色の変化から毒性を判断したと言われていますが、今また食べ物の毒性発見のために銀・銅製食器が使われ始めているとしたら、暗い気持ちになります。

8. 韓国のお茶は甘い?

「日本茶」といえば、日本では「玉露」「抹茶」「煎茶」「茎茶」「粉茶」「玄米茶」「ほうじ茶」などが思い浮かびます。日本のお茶は、「緑茶」と呼ばれることでもわかりますが、基本的には緑色で、ほうじ茶だけは茶色っぽい色です。

なかでも「煎茶」は、日本の日常生活で最も馴染みがありますし、「粉茶」は、たいていのお寿司屋さんで出てくる、少し渋味が強いお茶です。「玄米茶」は、お茶の葉だけでなく炒った玄米が混ざっていますから煎餅《せんべい》のような香りがします。これらはそれぞれ香りや味に特徴があって、私はどれも好きです。

日本では、お茶が大変身近な飲み物として生活に根付いています。韓国でもお茶は身近な飲み物ですが、「お茶」といった時、そのイメージは日本とはかなり異なります。もちろん「緑茶」も飲みますし、「緑茶」の淹れ方も日本と変わりません。急須などの茶器も似ています。

ユジャ茶（ユズ茶）

でも、多くの韓国人が思い浮かべる「お茶」は、「緑茶」ではなく、「ユズ茶」や「ニンジン茶」のような果実や漢方薬としても使われるものにお湯を注ぎ、蜜や砂糖を入れたものです。

これらは、チャノキの葉や芽、茎を乾燥させるなどして作る「お茶」ではなく、他の植物の葉、花、樹皮、根などを乾燥させ、お湯を注いで抽出した飲み物です。日本では、こうした飲み物は「お茶」ではないとみなす人が多いかもしれません。

そのためでしょうか、このような「お茶」は、一般的な緑茶と区別して、「茶外茶」、「茶でない茶」などと呼ばれています。日本でも「麦茶」は「茶外茶」の代表と言ってよく、多くの方に馴染まれています。その他にも「そば茶」、「梅茶」、「コンブ茶」などは比較的身近な飲み物として、「茶」の字が付いていてもあまり違和感はないと思います。

韓国で伝統的な「お茶」と言いますと、緑茶ではなく、「茶外茶」を指すのが一般的になったのには、韓国のお茶の歴史と気候風土が大きく関わっています。

「お茶」は韓日両国とも、中国大陸から入ってきました。

韓国で「お茶」の移入を伝える確実な記録としては、『三国史記』（삼국사기／一一四五年）に新羅《しらぎ》（신라・シルラ／BC五七〜AD九三五年）興徳王《フンドク》の時代（八二六〜八三六年）に智異山（지리산・チリサン）の華厳寺（화엄사・ファオムサ）、あるいは双渓寺（쌍계사・サンゲサ）に中国から持ってきたチャノキの種が蒔《ま》かれたとあります。

一方、日本で最初に茶が伝えられたのは平安時代（七九四〜一一八五年／一一九二年）で、遣唐使《けんとうし》として中国に渡った僧侶の最澄《さいちょう》が八〇五年にチャノキの種を持ち帰り、比叡山麓《ひえいさんろく》の坂本に植えたのが始まりとされています。

韓日とも、ほぼ同じ時代にチャノキがそれぞれ伝来していたことがわかります。そして、「お茶」は当時は嗜好品《しこうひん》ではなく薬として飲まれていて、非常に高価なものでした。

「お茶」が飲まれ始めた新羅では、仏教の行事などで主に用いられ、宮廷や貴族、僧侶たちが飲んでいましたが、一般の人びとには縁のない飲み物でした。しかも、朝鮮半島で生産できる「お茶」の量が少なく、中国から輸入していましたから、高価だったことも頷《うなず》けます。

高麗《コリョ》時代（고려시대／九一八～一三九二年）になると、仏教が入り、普及していくに従い、「お茶」が飲まれることが最盛期を迎えました。さまざまな儀式に茶が使われ、茶の味を競う闘茶会《とうちゃかい》（現在でも中国や日本の一部地域では行われている）が開かれ、高麗青磁《せいじ》などの茶器も作られていきました。しかし、お茶の需要があまりにも増大し、農民に過剰な生産を求めたことで、かえって農民が茶の生産から逃れるようになり、朝鮮半島での茶の生産量が減少したため、一般の人びとには無縁の飲み物のままでした。

その後、仏教に代わって儒教が重んじられるようになり、仏教の衰退に伴って、仏教寺院で栽培されていた「お茶」も生産量が減っていきました。こうして朝鮮半島では、「お茶を飲む」という生活習慣が広く人びとに浸透していくことはありませんでした。

日本でも中国から伝来した「お茶」は、当初、人びとの生活とは無縁の飲み物でした。でも、鎌倉時代になって臨済宗《りんざいしゅう》の開祖・栄西《えいさい》が中国の宋へ修行に行き、多くの経典と一緒にチャノキの種と「お茶」の飲み方を持ち帰ったのがきっかけで、「お茶」が次第に知られるようになっていきました。とはいえ、人びとが生活のなかで「お茶」を日常的に飲むようになったのは江戸時代になってからでした。

このように韓国と日本で「お茶」の普及が一方では衰退し、一方では普及していったのには、前述のような歴史的要因がありましたが、次のような気候風土とも大きく関わっていました。

「お茶」は基本的にはチャノキの葉を摘み取って、それを乾燥させて作ります。良質な茶葉を栽培するには、それに見合った気候条件がいくつか揃っている必要があります。

①寒冷地でないこと。
②高温地でないこと。
③降雨量が年間を通じて一定量あること。
④山間部で、ある程度の寒暖の差があること。
⑤水はけと風通しがよいこと。
⑥霜を防ぐことができること。そのためには河川の上流から中流の地域であること。

このように「お茶」が育つ条件を挙げますと、たとえば東海道新幹線で静岡あたりを通過する時、目に入る茶畑を思い浮かべれば、なんとなく理解できるのではないでしょうか。

水はけと風通しがよい場所となれば、なだらかな山の斜面を利用するのが適しいますし、川が流れていることで川から立ち上る霧が霜を防いでくれます。また茶畑に背の高い扇風機が置かれているのを見かけますが、これも霜を避けるためです。静岡や京都の宇治など、お茶の生産地として知られた地域の気候風土、地形を考えますと、チャノキが育つ自然条件はそれほどゆるやかでないことがわかります。

そこで、こうした自然条件を韓国に当てはめますと、日本に比べて「お茶」の育成に適している地域がかなり限定されていることがわかります。

現在、韓国での緑茶（녹차・ノックチャ）の生産地として知られているのは、宝城（보성・ポソン）、河東（하동・ハドン）、済州（제주・チェジュ）で、三大茶産地などと呼ばれていますが、その地域はかなり限定的です。宝城（ポソン）は全羅南道《ぜんらなんどう》（전라남도・チョルラナムド）、河東（ハドン）は慶尚南道《けいしょうなんどう》（경상남도・キョンサンナムド）にあって、済州（チェジュ）は済州特別自治道、つまり周囲を海で囲まれた済州島（제주도・チェジュド）で、済州島南部地域が産地となっています。

全羅南道は韓国の南西部にある行政区で、西は黄海（황해・ファンへ）と呼ばれる海に面し、南は済州海峡を挟んで済州特別自治道があり、東は慶尚南道と接しています。海岸はリアス海岸で、海産物が豊かで、特にカキや海草の産地で知られ、日本の瀬戸内地方と似ています。ほとんどが平野で穀倉地帯で、適度の降雨があり、温暖な気候のため農業が発達し、野菜や綿花、果物も栽培されています。

テチュチャ（ナツメ茶）

こうした地理的、気候的な条件がお茶の栽培にも適しているため、韓国では宝城（ポソン）がお茶の本場と見られています。ここで生産されるお茶は生産量が最も多く、韓国第一の栽培地になっています。

慶尚南道は韓国の南東部にある行政区で、東は蔚山（울산・ウルサン）広域市と釜山（부산・プサン）広域市があり、南は対馬海峡に面していますから、東側と南側は海に面していることになります。そして、西は先述した宝城（ポソン）のある全羅南道と接しています。この行政区を流れている洛東江（낙동강・ナックトンガン）がこの地域の水利用に大きな働きをしています。

金海（김해・キムヘ）周辺の洛東江の三角州となっている、釜山広域市にまたがる平野は韓国の穀倉地帯となっていて、米、豆、ジャガイモ、大麦、ゴマなども作られています。また、温暖な気候であるため、綿花や果物なども生産され、韓国の東南端に位置して海に面しているため、漁業も盛んな地域です。

河東（ハドン）は韓国で二番目に大きな茶産地ですが、宝城（ポソン）に比べると、その生産量は三割程度にすぎません。韓国の高級緑茶として知られている「雨前」（우전・ウジョン）の生産地で、河東（ハドン）では、茶の栽培面積は宝城（ポソン）とほぼ同じです。つまり、この地域は高級緑茶を売りにしていると言えるかもしれません。

いずれにしても、宝城（ポソン）と河東（ハドン）の二地域で、韓国の緑茶の八割程度を生産していて、残りの二割程度が済州特別自治道、つまり、周囲を海で囲まれた済州島の南部地域で生産されています。

済州特別自治道は韓国の南端にある韓国最大の島で、気候が最も温暖で、韓国で唯一、ミカンが生産されています。日本でミカンの生産地はどこですか？と質問しますと、いくつもの地域が挙げられると思います。でも、韓国では、ほぼ済州島（제주도・チェジュド）だけです。それだけ韓国の気候が、日本より平均気温が低く、寒暖の差が激しく、大陸性気候のために、気候が厳しいことを証明しています。

韓国で緑茶生産ができる地域は気候が比較的温暖な韓国の南部三地域で、日本のように各地域に広く分布していません。当然、緑茶の生産量は日本に比べると少なく、日本のように人びとの生活に緑茶が密着しているとは言えません。

それに代わって韓国では、前述したようにチャノキの葉や芽、茎を乾燥させるなどして作る「お茶」ではなく、他の植物の葉、花、樹皮、根などを乾燥させ、お湯を注いで抽出した飲み物、つまり「茶外茶」が盛んに飲まれるようになりました。

こうして、多くの韓国人は「韓国の伝統茶」と言えば、緑茶ではなく、種類が豊富な「茶外茶」を思い浮かべるはずです。そこで、次に韓国人に日常、親しまれているお茶を紹介します。

●「ユジャチャ」（유자차／ユズ茶）

ユズのお茶。最近は日本のマーケットでも買うことができるほどよく知られた韓国の伝統茶の一つです。秋に収穫したユズの皮を薄く細く切り、種を取り出した果実の汁を絞り、ほぼ同量の砂糖か蜂蜜を瓶などに入れて漬けます。一、二週間すればジャム状になり、スプーン一杯分をコップに入れて、熱い湯を注いで飲みます。

日本の方はお茶というより甘酸っぱいホットジュースと感じるかもしれませんが、ビタミ

カリンの木とその実

ンCたっぷりで、私も風邪をひいた時などによく飲みます。

●「テチュチャ」（대추차／ナツメ茶）

ナツメのお茶。ある程度熟したナツメで、もちろん虫に食べられていないものを使います。水洗いしてから乾燥させ、ナツメが柔らかくなるまで煮込み、その汁を絞って、さらに煮込み、蜂蜜を混ぜて瓶に入れておきます。後は適量の熱湯を注いで飲みます。貧血症、食欲不振、冷え性などに効果があるとされています。

●「メシㇽチャ」（매실차／梅の実茶）

梅の実の果汁のお茶。日本では梅の実に焼酎を入れて梅酒を作りますが、私は砂糖だけをかなり大量に青梅の実と一緒に入れて作ります。私は少なくとも一年ほど漬けてから飲み始めます。疲労回復、消化促進、解毒、殺菌作用があり、食後によく飲みます。

●「**モグァチャ**」（**모과차／カリン茶**）

カリンのお茶。バラ科の植物で、カリンの実の皮をむき、種を取って薄く切って瓶に入れて砂糖漬けにします。一、二週間漬けて、その実と果汁をスプーンですくってカップに入れてお湯で飲みます。酸味の少ない甘さがあります。食もたれ、吐き気、気管支炎などに効果があります。

●「**センガンチャ**」（**생강차／ショウガ茶**）

ショウガのお茶。日本でも風邪を引いた時など、ショウガを刻んでお湯を入れて飲むと聞いたことがありますが、それと似ていると思います。韓国では、薄く切ったショウガに水を加え、しばらく煮てから飲みます。砂糖や蜂蜜を入れて飲むこともあります。消化不良、吐き気の改善、血行促進、解熱などに効果があります。

●「**クヮチャ**」（**국화차／菊花茶**）

乾燥させた菊花のお茶。乾燥させた菊の花にお湯を注いで飲みます。ただそれだけで、他に手を加えませんが、菊の香りがほのかにして、心が落ち着く感じがします。菊花には血圧を下げ、肝臓に良く、頭痛を和らげるなどの効果があります。

サンファチャ

●「サンファチャ」（쌍화차／双和茶）

韓国では、風邪などに効果ありとして、よく知られているのがこの双和茶（双和湯ともいう）です。漢方薬として使われる白芍薬《しろしゃくやく》、キバナオウギの根、熟地黄《じゅくじおう》、桂皮《けいひ》、ショウガ、ナツメなどが入っています。苦味があるため、砂糖などを入れて飲みます。呼吸器疾患や風邪、疲労回復に効果があります。

まだまだあります。名前だけ挙げますと、クギジャ（枸杞子《くこし》／クコの実）茶、トラジ（キキョウ）茶、キュルピ（橘皮／ミカンの皮）茶、チック（クズ）茶、スック（ヨモギ）茶、トゥルケ（エゴマの実）茶、オックスス（トウモロコシ）

茶、トゥングルレ（アマドコロ）茶、メミル（そば）茶、キョルミョンジャ（決明子《けつめいし》）茶、ユルム（ハト麦）茶、オミジャ（五味子《ごみし》）茶、ポクプンジャ（山イチゴ）茶、ポルクル（蜂蜜）茶、サグァ（リンゴ）茶、紅参《ホンサム》（高麗ニンジン）茶、さらには、スジョングァ（水正菓／ショウガと桂皮を煎じた飲料）やシッケ（もち米やうるち米に麦芽を加えて発酵させた甘酒に似ているが、アルコール分なしの飲料）などの伝統茶もあります。

　最後に、日本でもお馴染みの「보리」（ポリ／麦）茶、「현미」（ヒョンミ／玄米）茶など、甘味のないお茶もよく飲まれていることを付け加えておきます。

第二章　現代食文化

1. 出前

出前とは、店内で調理した料理、飲み物などを注文のあった場所（主に家や事務所）に届ける仕事を指します。日本ではそば屋、寿司屋が定番で、都心のオフィス街などでは、喫茶店などでも出前をしているようですが、その他にはうなぎ屋、ピザ屋、中華料理屋、大衆食堂、カレー屋などもあります。最近では、後部に箱形の荷台を取り付けた三輪スクーターがピザなどの食品を配送している姿もよく見かけます。

一方、韓国でこの出前に当たるのが「배달」（ペダㇽ／配達）です。日本では、出前のほかに「仕出し」「デリバリー」という言い方もあります。「仕出し」は予約をして、祝い事や法事、会合、宴会などで、主に和食料理を頼むものです。家庭で用意するのが難しい料理などが多く、比較的分量も多くなります。また「デリバリー」は店内に飲食スペースがなかったり、無店舗の業者が配送したりする場合を指しますから、それぞれ食べ物を届けることは同じでも、本来は少しずつ意味合いが違うのですが、混用されているようです。

配達（ペダル）

でも韓国では、そうした区別はなく、すべて「ペダル」です。漢字にすれば「配達」ですから、出前の意味だけではなく、日本の宅配便にあたる場合にも使います。この「ペダル」が韓国の日常生活にどれほど深く溶け込んでいるのかは、韓国ドラマなどによく出前を取って食事をする場面が出てくることからもわかると思います。さらに、韓国旅行中に荷物を荷台に載せて、猛スピードで走る、日本でしたら危険走行になるのではないかと思ってしまうオートバイを見かけたこともあるのではないでしょうか。

韓国で出前をしてもらえる食品は日本では考えられないほど多種多彩です。日本でもピザは人気商品ですし、韓国人が

好むチキン、そして、中華料理も意外と人気があり、「김밥」（キムバプ／韓国海苔巻き）は手軽な伝統的食べ物として、やはり人気があります。また、日本だと「仕出し」のなかの食べ物として入っている酒の肴になるようなサイドメニュー（つまみ類）も豊富です。

韓国の「ペダル」は私が子どもの頃からすでにありました。現在のように配達される食べ物の種類の多様さ、どんな場所にも届けられるといった便利さはありませんでした。現在では、一人でも顧客を増やそうと、引っ越しなどで転居してきた家には、出前のメニュー冊子が配られたり、マンションでしたら、入り口に宣伝用のステッカーなどが貼られたりしています。

たとえば、「치킨」（チキン）のチェーン店は日本では考えられないほど多く、どの会社も出前をしていますから、宣伝広告だけでなく、あの手この手で顧客獲得に激しい競争が起きています。

韓国人はとにかくチキンが好きです。日本で鶏の肉だけを食べるとなると、焼鳥やフライドチキン、唐揚げといったものが定番ですが、韓国では、チキンの料理方法も豊富です。でも、なぜ韓国人がこのようにチキンを好むのか私にはよくわかりません。

韓国人なら誰もが知っているチキンチェーンの「BBQ Chicken」（ＢＢＱチキン）や「교촌치킨」（KyoChon Chicken／キョチョンチキン）などのアプリは、端末のＧＰＳ機能で注

文客の現在位置を確認し、その場所に配達する（戸外でもかまわない）サービスもしています。

ちなみに、チキンの出前を頼むと「치킨무」（チキンム／チキンダイコン・ダイコンの酢漬け）も一緒に付いてくるのですが、唐揚げやフライドチキンと相性がよく、消化を助けるというのがその理由です。日本でカレーに福神漬け、ラッキョウを添えて食べるのと似ているのかもしれません。

ジャージャー麺（チャジャンミョン）

中華の代表メニューといえば、「짜장면」（チャジャンミョン／ジャージャー麺）です。

私も韓国で生活し

チャンポン

ていた時（二十五年ほど前ですが）には、「ペダル」で食べることになると、ジャージャー麺を注文するのがいちばん多かったように記憶しています。その際、ジャージャー麺だけでなく、「단무지」（タクアン／たくわん）や「탕수육」（タンスユク／韓国風中華の酢豚）なども一緒に注文していました。

そのほか麺類でよく注文されるのが「짬뽕」（チャンポン）です。

日本でも具だくさんの長崎チャンポンはよく知られていますが、韓国のチャンポンも野菜や海鮮が入って具だくさんです。ただし、スープが真っ赤で非常に辛いのが、日本のチャンポンと大きく異なる点です。一般的に、このチャンポンを

トッポッキ

食べる時にも一緒に「タンスユク」を注文する人が多くいます。

さらに「떡볶이」（トッポッキ／餅辛子炒め）も「ペダル」では人気商品です。日本でも最近は、韓国料理の一つとして認知されてきているように思います。ちょっと空腹を感じた時に食べるには最適で、日本でいえば、立ち食いそば的なスタンド形式の店（屋台）のメニューには必ずあります。それだけに「ペダル」には欠かせないメニューとなっています。

また、日本の方には意外に映るかもしれませんが、「刺身」や「寿司」も「ペダル」の商品としては比較的人気があります。日本では、ちょっと高級感のある食品ですが、韓国では、若い人でも気軽

ポッサム

に注文できる価格です。

ところで、次のいくつかは日本だとお酒のつまみになると思われるものですが、韓国では、女性もよく注文する食べ物です。

●「족발」（チョッパル）

韓国風豚足のことで、コラーゲンがたっぷりですので、女性にも好まれます。ただ、日本では、豚の足は日常的に食べる人は多くありませんから、少々抵抗があるかもしれません。これと「막국수」（マックククス／そば粉で作った麺）や「냉면」（ネンミョン／冷麺）と一緒に注文する人が少なくありません。

●「보쌈」（ポッサム）

タッパル（鶏の足）

豚肉を茹でた料理で、豚足よりはクセがなく肉が柔らかいので、日本の方にもあまり抵抗感はないと思います。キムチやハクサイの塩漬けとサンチュで巻いて食べるのが一般的で、ちょっとクセがありますが、私はアミエビの塩辛につけて食べるのが好きです。

● 「닭발」（タッパル）

日本の方はきっと尻込みすると思います。鶏の足です。私は苦手なのですが、コラーゲンが豊富で韓国人はよく食べます。味付けは非常に辛く、お酒のつまみにはピッタリでしょう。

このように韓国の「ペダル」は〝早い、安い、多種、どこにでも配達〟という便利さと気軽さから日本では考えられないほど人気があり、大いに利用されています。しかも、配達は一人前からでも問題はなく、日本のように場合によっては料金が上乗せされることも滅多にありません。

さらに韓国では、返却するお皿や容器は洗わずにそのまま出しておいてかまいません。注文品と一緒に届けられるビニール袋に入れて家の外に出しておけば、配達員が回収してくれます。日本では、返却する皿や容器は洗って家の前に出すのが一般的で、回収の時間も韓国に比べるとかなりゆっくりです。韓国では、のんびりしていると配送員が容器回収に来てしまいますから、家の容器に移し替えて、店の容器は早く出しておいたほうが無難です。これほどのスピードで配送が行われますから、アイスクリームの出前も可能になるのだと思います。

ただ、交通渋滞も関係ないというように、バイクが一刻も早く注文客に品を届けようと街中を走り抜けていくため、バイクの危険走行にとどまらず、衝突事故も多発しています。また、配送が深夜に及ぶことも珍しくありませんから、配送従事者の労働環境が著しく悪化してしまう場合も出てきています。

顧客へのサービス重視が交通問題や労働問題を引き起こしているという現実は重く受け止めなければならないと思います。その改善に向けて雇用者側だけでなく、政府も積極的に取り組まなければならないのは当然でしょう。

しかし、韓国の出前事情はこうしたマイナス要因はあるものの、皮肉なことに婚姻率の低下という大きな社会問題が一因となって、一人暮らしの人たちには、ますます便利な食事調達手段となっていて、利用頻度が高まってきています。

手軽さ、便利さ、時間的節約の追求という出前事業が今後どのように韓国社会に影響を与えていくのか大いに気になるところです。

2. 粉食って？

「분식」（プンシック／粉食）と言えば、韓国人には大変身近な料理の総称の一つです。漢字を見ればなんとなくわかると思いますが、小麦や米など穀物を挽いて粉にして、それを加工した食品全般を指していて、一つだけの料理を意味しているわけではありません。しかも、「粉食」には〝韓国版ファストフード〟という意味も含まれていて、私も含めて多くの韓国人は後者の解釈で受け止めています。

そして、「粉食」を食べさせる店を「분식집」（プンシックジプ／粉食屋）といいます。日本の方にはちょっとイメージしにくいかもしれませんが、食堂とも屋台とも違い、もちろんマクドナルドやケンタッキーのような店構えや店内の様子とも異なります。

現在、日本でもコロナウイルスの猛威にさらされて、飲食店が積極的にテイクアウトを宣伝し、営業方法の一つとしていますが、韓国では、以前から「食堂」からテイクアウトできる店が多く、「粉食屋」ではその割合が高いといえます。なぜなら、店内に食べるスペース

ハットグ（ホットドッグ）

がなかったり、テーブルを置いていなかったりする小さな店も少なくないからです。

韓国では、食事をする時は一人でというスタイルは少なく、複数でワイワイにぎやかに食べるのが一般的です（今はコロナウイルスのためにそれができませんが）。でも、「粉食屋」では〝一人食〟も当然視され、周囲を気にせず自分流のスタイルで食べることができます。

「粉食屋」の大きな特色は〝早い、安い、気取らない〟です。忙しい会社員や小遣い程度しか持たない学生たちには大変人気があります。また、女性一人でも気軽に食べられます。

そのため、学校や会社員の多い地域に

韓国風タイ焼（プンオパン）

は、必ずこの「粉食屋」がたくさん並んでいます。私も放課後、学校の校門を出た通りにずらっと並んだ「粉食屋」のお目当ての店に一目散《いちもくさん》に駆け込んで、おやつ代わりに「떡볶이」（トッポッキ／餅辛子炒め）や「라면」（ラミョン／ラーメン）を食べたものでした。こうした私のような生徒が「粉食屋」に駆け込む姿は今も変わっていません。

　ところで、「粉食」という言葉は日本にもあります。韓国と違ってファストフード的な意味合いはなく、穀物などを製粉してから、多くはその粉を水などでこねて生地を作ったり、液状にして、加熱調理したりするものを「粉食《ふんしょく》」と呼び、この点は韓国と同様です。

私が来日して食生活であまり違和感を覚えなかった理由の一つに、この「粉食」製品に多様性があったからだと思います。ちょっと思い浮かべれば、ほぼ毎日この「粉食」製品を口にしています。

パン類、ラーメン・そば・うどんなどの麺類、パスタ類、ドーナツ、クレープ、団子、たい焼き、お好み焼き類、ピザ、餃子やシュウマイなど中華料理の点心《てんしん》類、韓国のチヂミ等々、主菜からおやつ類まで、その種類は非常に多いと言えます。

そのためか、日本では、「粉食《ふんしょく》」という漢字を「粉食《こしょく》」と読ませる場合があることを、この原稿を書いていて初めて知りました。「粉食《ふんしょく》」に偏《かたよ》りすぎる食事に注意信号を出す場合に使われるようです。

なぜあえて「粉食《こしょく》」と読ませるのか、こんなところにも日本の言葉遊びの文化（ここでは「語呂合わせ」）が生かされているようで大変興味深く感じました。それは次のような理由からです。少々、余計なことですが、記しておきます。

この「粉食《こしょく》」、日本の家庭では食生活の問題点として六つの「こ、し、ょ、く」があるとされ、注意を喚起《かんき》しています。その六つとは、

①**孤食**…一人で食事する→好きな物ばかりを食べる傾向になり、栄養が偏りがち。

チヂミ

②**個食**…食事の際、家族が異なる物を食べる→好き嫌いが増え、協調性が失われる。

③**固食**…同じものばかり食べる→栄養が偏り、バランスを欠いて健康を損ないがちになる。

④**粉食**…パンや麺など粉製品を食べる機会が多い→カロリーや脂質摂取量が増え、噛む力が弱まる。

⑤**小食**…食事の量が少ない→必要な栄養がとれず、体力が落ち、抵抗力が弱まる。

⑥**濃食**…味の濃いものを食べる→塩分や糖分が多くなり生活習慣病や肥満につながる、薄味に鈍感になる。

何事もそうですが、特に食事は毎日のことですから偏食せず、適度、適量の大切さを啓発しているわけです。その意味では、日本の〝「粉食《こしょく》」はやめよう〟という呼びかけは、韓国でも同様で、必要だと思います。

このように日本での「粉食《ふんしょく》」、「粉食《こしょく》」と韓国の「粉食」（プンシック）では、同じ漢字ですが、意味がかなり異なることがわかります。

韓国でも「粉食」は製粉《せいふん》した料理のことを指しますが、すでに書きましたように、韓国版ファストフードの意味がありますから、粉製品ではない「김밥」（キムバプ／韓国海苔巻き）や「오뎅・어묵」（オデン・オムック／韓国風おでん）、「순대」（スンデ／韓国風腸詰め）、「돈까스」（トンカス／とんかつ）、「튀김」（ティギム／天ぷら）なども「粉食」に入ります。「粉食屋」は大別すると、おやつ系と主食系に分けられます。そのため、店によっては自分が食べたいものを扱っていないこともありますから、あらかじめメニューで確かめておく必要があります。もちろん両方の粉食を提供する店もあります。

それから、酒類は基本的に置いていません。韓国の「食堂」は日本と同様に、種類はそう多くありませんが酒類を置いています。その意味では、「粉食屋」と「食堂」の違いはわかりやすいと思います。

それでは最後に、「粉食屋」のメニューの代表的なものを、いくつか「おやつ系」と「主

オデン（オムㇰ）

食系」に分けて挙げておきます。

〈おやつ系〉

●「トッポッキ」（떡볶이／餅辛子炒め）

最近は日本のマーケットでも見かけるようになりました。私も韓国にいた時は、屋台や粉食屋でよく食べました。韓国風餅をコチュジャン（赤トウガラシ味噌）で甘辛く煮詰めたもので、オデンが入っています。店によっては野菜やゆで玉子も。

●「オデン」（오뎅／おでん）

具は主に魚介系の練り物で長い串に刺してあります。この魚介類の練り物が「オデン」なのです。器には汁がたっぷりで、「オデン」を食べながら汁も飲み

ポジャンマチャ（屋台）のティギム（天ぷら）

ます。汁は醤油味です。この「オデン」汁は他の品を注文すると無料で提供してくれたりもします。

●「ティギム」（튀김／天ぷら）

日本ではちょっと高めの料理という感覚ですが、韓国では手軽な食べ物と見られています。私の好みはイカの天ぷらです。揚げるものは野菜類はもちろん、餃子なども使われます。一般的には醤油を少しつけて食べます。

●「チンパン」（찐빵／蒸しパン）

小麦粉の生地に甘いあんこや野菜などを包みこみ、蒸し上げたもの。

●「スンデ」（순대／豚の腸詰め）

豚の腸に春雨と野菜と豚の血を入れて蒸したもの。黒くてあまり見た目がよく

スンデ

なく、豚の血が入っているということから日本の方は敬遠されるかもしれません。でも、私の大好物です。塩と赤トウガラシ粉を少しつけて食べます。

〈主食系〉

●「キムバプ」（김밥／韓国海苔巻き）

見た目は日本の海苔巻きにそっくりです。ただし、ご飯は酢を入れる場合と入れない場合がありますが、ご飯にゴマ油を必ず入れますので香ばしい香りがします。具は生の魚介類は使わず、ホウレンソウ、ニンジン、キュウリ、ゴボウなどを細長く切り、たくわん、玉子焼き、ソーセージ（海苔巻き用ハム）なども一緒に巻き、ひと口大に切ります。

ラミョン（ラーメン）

●「ラミョン」（라면／ラーメン）

「粉食屋」でラーメンといえば、インスタントラーメンを指します。たいてい、玉子、ネギや野菜、餅、餃子、チーズなどをお好みで加えます。

●「餃子」（만두・マンドゥ／饅頭）

漢字で表記すれば「饅頭」ですが、蒸した餃子（찐만두・チンマンドゥ）を意味します。このほかに焼き餃子（군만두・クンマンドゥ）、スープ餃子（물만두・ムルマンドゥ／만두국・マンドゥクク）もあります。これらはどれも「粉食屋」では欠かせないメニューです。

●「クッス」（국수／麺）

・칼국수（カルグクス／刀削麺《とうしょうめん》）↓

漢字で表記すれば「刀削麺」ですか

キムバプ

ら、源流は中国です。日本のきしめんに似て平たい麺です。

・잔치국수（チャンチグクス／そうめん）→ダシは魚介や肉類で、好みで薬味を加えます。

・비빔면（ビビンミョン／ビビンそうめん）→コチュジャン（赤トウガラシ味噌）ベースのタレと野菜を混ぜた麺。

・쫄면（チョルミョン／冷麺の親戚）→太麺と野菜を辛く、甘酸っぱいタレで混ぜた麺。

●「スジェビ」（수제비／韓国風すいとん）

日本では、すいとんはあまり食べられていないようですが、韓国では、よく食べます。練った小麦粉をちぎって、肉や魚介類のスープで煮込んで食べます。

●「チヂミ」(부침개・전／プチムゲ・ヂョン)

韓国風お好み焼き。日本では「チヂミ」として日本の食生活に浸透してきていますからあまり説明はいらないと思います。ただ、韓国では「チヂミ」は方言ですので、「プチムゲ」、あるいは「ヂョン」が一般的です。

このほかに「粉食屋」で食べられるご飯ものでは「オムライス」「キムチチャーハン」や「ビビンバ」のほか「丼もの」などがあります。

〝早い、安い、気取らない〟「粉食屋」にはチェーン店もあり、「국대떡볶이」(クㇰテトッポッキ)、「김밥천국」(キムバプ天国)、「김밥나라」(キムバプナラ)などがよく知られています。

コロナの感染状況が終息し、韓国への旅行がまた自由になりましたら、その時はぜひ、「粉食屋」に入って食べてみてください。気取らない普段着の韓国人に会えるかもしれません。

3. チキンとコーヒー

ここで言うチキンとは、唐揚げチキンのことです。コーヒーとは、喫茶店（コーヒーショップ）で提供されるコーヒーのことです。

韓国へ行って、ソウルなどの大都市はもちろん、中小都市でもチキン店と喫茶店（コーヒーショップ）の看板の多さに驚く日本の方は多いようです。そして、たいていなぜこんなに多いのかと疑問に思うようです。資本主義の原則に従えば、需要と供給の関係で、それだけ求める人が多いから、となるのでしょう。

確かに、韓国人はチキン店でさまざまな味付けのチキンを買ってよく食べます。私も韓国にいた時はよく食べました。でも、日本に住み始めてからは、ケンタッキーフライドチキン（켄터키 프라이드 치킨／KFC）などへわざわざ買いに行くなどということはまずありません。最近では、日本でも唐揚げチキンを売り物にするチェーン店や個人商店が増えていますが、私はいつも素通りです。このような私自身の嗜好《しこう》の変化を見ますと、韓国人はチキンが

フライチキン

好きとは単純にいい切れないようにも思います。

そもそも韓国では、鶏肉は高価な食べ物でした。その代表的な料理が「参鶏湯」(삼계탕・サムゲタン)で、かつては庶民はめったに食べられない薬膳料理でした。一九六〇年代初めにソウルのレストランに鶏の丸焼きが登場しましたが、やはり高級な食べ物でした。ところが一九七〇年代、朴正熙(박정희・パク・チョンヒ)第五代大統領によって進められた経済政策は「漢江の奇跡」(한강의 기적・ハンガンエ キジョク)と呼ばれ、韓国は大きな経済成長を遂げ、国民の所得が驚異的に伸びました。

鶏の飼育方法も各農家での少数飼育

ヤンニョムチキン

から養鶏場飼育へと変わり、鶏肉が安価で手に入りやすくなると、一九七七年に韓国で最初のチキン専門店「リムスチキン」（림스치킨）が出現しました。そして、一九八二年に「ペリカナチキン」（페리카나치킨）が売り出した、塩、コショウ、ハーブで味付けするのではなく、甘辛いタレをかけた「ヤンニョムチキン」（양념치킨）が爆発的に売れ、韓国人とチキンとの親近性が一気に高まりました。それに拍車をかけたのが一九八四年のケンタッキーフライドチキンの韓国進出でした。

つまり、韓国人がチキンを好んで食べるようになったのは、せいぜい四十年ほど前からなのです。

では、コーヒーは？

韓国人とコーヒー（커피・コピ）の親近性はチキンとの歴史よりもさらに浅く、カフェが急激に増えたのは二十年ほど前に過ぎません。それまでは、現在、日本で親しまれているコーヒー豆をひいてドリップ式で飲むものもありましたが、喫茶店（다방・タバン／茶房）のコーヒーには、ミルクたっぷりの甘い飲み物もありました。そのためか、韓国人がコーヒーを甘くして飲む嗜好は現在も受け継がれています。

そして、現在のようにコーヒーショップチェーン店が増えてからは、なぜかブラックコーヒーよりも親しまれているのが「アメリカーノ」と呼ばれるコーヒーで、日本の「アメリカン」よりさらに薄いものです。

韓国でコーヒーが大衆化していくきっかけは、一九九九年にスターバックスが韓国に進出したのが大きかったと言われています（ちなみに日本では一九九六年にスターバックス一号店が銀座にオープン）。もちろんそれ以前に、インスタントコーヒーが韓国の家庭に一定程度浸透していたという状況も、コーヒーが大衆化していく素地を作ったのだと思います。このインスタントコーヒーは朝鮮戦争後、韓国に駐留したアメリカ軍によって持ち込まれました。

このようにインスタントコーヒーに慣れ親しんでいた韓国人にとって、スターバックスのような本格的な良質のコーヒーが飲める専門店の登場はブランド志向を刺激し、コーヒーブームを引き起こしました。ただ当時、昼食代が三百～五百円程度で、コーヒーはそれより高い飲み物でした。

その後、ロッテ（롯데）などの韓国ブランドが市場に参入し、韓国人とコーヒーのつながりが深まり、日本とは異なるコーヒーショップ文化が生まれていきました。

現在、韓国の喫茶店のコーヒー代は日本とほぼ同じです。ただ、韓国のほうがカップのサイズがやや大きいので、たっぷりという感じです。韓国には「コピス族」（코피스족・コピスジョク）という言葉があります。コーヒーとオフィスを合わせた造語《ぞうご》で、コーヒーショップで仕事をする人たちを指します。こうした言葉が生まれることからもわかるように、韓国のコーヒーショップには座席のそばにコンセントが常備され、Wi-Fiも自由に使えます。日本では、あまり考えられませんが、コーヒーショップが仕事場であったり、学生の勉強部屋であったり、さらには会議まで開いたりと、とにかく長居《ながい》できます。

日本では最近、コンビニで百円コーヒーが販売されて人気がありますが、韓国では、百円ほどの価格帯でコーヒーが飲めるコーヒーショップもあります。また食べ物、特にスイーツが種類豊富なのも韓国のコーヒーショップの特色です。そして、韓国では薄くて甘いコーヒーが好まれていて、私もあまりブラックでは飲みません。

チメク

さて、このチキンとコーヒー、韓国では共通点があります。その一つは、すでに述べましたが、どちらも韓国人がとても好む食べ物であり、飲み物だということです。

たとえば、ビールを飲む時にはチキン、チキンを食べる時にはビールと言われるように「チメク」（치맥）という言葉があるほどです。これはチキン（치킨）とメックチュ（맥주／ビール）を結び付けた造語で、日本では考えられないほど一体化しています。

また、甘いコーヒーが好まれるのは、私の嗜好で言いますと、食後の口直しに適しているからでしょう。実際に多くの食堂では食後に無料でインスタントコーヒーを提供しています。

そして、もう一つの共通点は、個人で起業を考えた時に韓国人の食生活に浸透し、市場的にも成長株で、しかも、初期投資が比較的少額で済むことです。独立志向の強い人にはうってつけの事業というわけです。

ただし、理由はそれだけではありません。よく言われていますが、ここには韓国の経済事情が大きく関わっています。

韓国は日本よりも学歴社会で、正社員になれる若者の割合は低く、景気は低迷したままです。企業の経営努力は従業員の人減らしや賃金カットとして跳ね返ってきます。雇用形態が不安定で、いつ解雇されるかわからない状況で働いている人が多くいます。

日本では、定年年齢を六十歳から六十五歳に引き上げ、さらに七十歳まで働ける仕組みを作ろうとしていますが、韓国では、定年以前に退職を迫られる人も少なくなく、いったん退職すると再就職は難しいのが現状です。

そこで注目されるのが、チキン店、あるいはコーヒーショップということになります。多額の資金を必要としないで自己資金だけで店を持ち、自分がオーナーになれるということで、若者からお年寄りまでが開店を目指すようになりました。私の母の知り合いの女性が開業のための講習を受けて自分の店を持ったと聞きましたが、このような話は決して珍しくありません。

こうして、韓国の就職難が起業を促《うなが》し、なかでもチキンとコーヒーショップの人気に目をつける人が多く現れ、次々に出店したことが韓国のチキン店とコーヒーショップ店の看板の多さにつながっています。自分の店の特色を出そうと、さまざまな商品を創り出している韓国のチキン店やコーヒーショップ店だけに、観光スポットになるような店も多くあります。

しかし、その一方で過当競争気味のなかで、経営に失敗して閉店に追い込まれてしまう人たちもいます。これも競争社会の厳しい一面ですが、韓国のチキン文化、コーヒーショップ文化がさらに深化し、起業したオーナーがいつまでも続けられることを願わずにいられません。

4.「モクパン」とは何？

「먹방」（モクパンまたはモッパン）とは、「食べる」（먹다・モクタ）と「放送」（방송・パンソン）のそれぞれ最初の文字「モㇰ」と「パン」を組み合わせた合成語で、「食べる放送」という意味です。

でも、これだけでは理解できないと思います。日本のテレビ番組でも、ある地域に出かけて、その土地の飲食店で出演者が注文した料理や飲み物を食べたり飲んだりして、その感想を語る番組は比較的多く、人気があります。こうした番組では、たいていタレントやお笑い芸人などが食《しょく》レポをしたり、グルメレポーターとして登場したりします。これなどはまさに「モクパン」（食べる放送）に当たると思います。

韓国では、この「モㇰパン」が大変人気があります。他人が食べる様子を見るだけなのですが、私などもついつい見てしまいます。ただ、韓国発祥の「モㇰパン」は日本のそれとはかなり異なっています。

モクパン

まず、テレビ番組として放送されるよりも、動画配信として流されていることです。今から十年ほど前から食べる様子が配信されるようになって、「モクパン」という言葉が生まれました。これには、日本よりも早くYouTubeが歓迎され、YouTuber《ユーチューバー》が非常に多く登場してきたこととも大いに関係していると思います。

そのため、「モクパン」と言えば、配信者がカメラの前でいろいろな料理を豪快に、もちろんおいしそうに食べる様子を放送したもので、韓国のライブストリーミング配信サービス「AfreecaTV」（아프리카ＴＶ／アフリカＴＶ）などの動画配信サイトで多く流されています。

最近では、「モクパン」系のチャンネルが増え、人気の「モクパン・ユーチューバー」も多くなって、お目当ての人物の食べる姿を楽しむ人たちもいます。

もちろん、日本のように静かにおいしそうに食事する様子の影像もありますが、やはり豪快に食べる様子の動画が「モクパン」と思っている韓国人が少なくありません。

ところで、韓国には、「モクパン」に似ているのですが、「ＡＳＭＲ」と呼ばれるものもあります。「ＡＳＭＲ」（アスマーあるいはアズマー）とは、“Autonomous Sensory Meridian Response”の略で、日本語では「自律感覚絶頂反応《ぜっちょうはんのう》」（자율 감각 쾌락 반응）という意味になるようです。

韓国では、「モクパン」が豪快に食べる様子を見せる動画、「ＡＳＭＲ」は食べる時に出る音、つまり咀嚼音《そしゃくおん》を聞かせる動画と、区別されています。「ＡＳＭＲ」は本来、咀嚼音だけでなく擦《こす》れる音や叩く音など、その音を聞くと心地よく感じる音ならなんでもよいのですが、韓国では、もっぱら「モクパン」との対比で使われています。

最近では、この二つを合体させて「モクパンＡＳＭＲ」という動画も登場しています。豪快に食べる姿と食べる音の両方を楽しもうというわけです。

韓国で「モクパン」が注目され、大いに歓迎されているのは、韓国人の食生活に変化が生

ASMR

まれてきているからです。

前述しましたが、韓国人が食事をする時には、一人ではなく複数で食べようとする傾向があります。たとえば、昼食時のオフィス街などでは、グループごとに好みの食堂に入る姿をよく見かけ、日本ほど〝一人食〟は多くありません。その一方で、韓国の高齢化、核家族化は急速に進んでいて、二〇二一年四月二十九日に配信された「WowKorea《ワウコリア》」によりますと、ソウルでは一人世帯が三三%を占め、過去最大となり、四人家族の一・七倍になっています。二〇二〇年十一月から二カ月間、ソウル市内の四千世帯、九四七二人を対象に訪問調査を実施した結果です。

一人世帯は全体の三三・三%、二人世帯は二五・八%、三人世帯は二〇・六%、四人世帯は一九・二%で、三分の一が一人暮らしということになり、二〇一八年の調査時より一、二人世帯の割合が増え、三、四人世帯が減っていて、一段と核家族化が進んでいます。しかも、一人暮らしを年齢別で見ると、若者が四一・二%、高齢者が二二・六%、中高年者が一六・二%でした。

調査はソウルという大都市が対象でしたから、なおさら顕著なのですが、若者の一人暮らしが全体の四割を超えているのには、私も少々驚きました。そして、この一人暮らしの若者が多いという現状が「モクパン」や「ASMR」が歓迎される現象と結び付いているように思います。さらに加えて、三年にわたるコロナウイルス感染症による自粛生活が、韓国人から食事はワイワイにぎやかに食べる生活を奪ってしまったことも大きな要因としてあるように思います。

もともと人間には、食べることへの関心がかなり強くあります。どこそこの料理はおいしいと聞くと、時間もお金も惜しまずに食べに出かける人が少なくないのはそのためでしょう。また、郷土料理を自慢したり、料理方法や味付けなどを話題にしたりするのも珍しくありません。テレビのグルメ番組や飲食店紹介や実際に食べる様子を映す番組が減らないのも、人間の欲求に応えているとも言えます。

現在、日本でも食べる様子を映像化した番組が減らないのは、韓国の「モㇰパン」、「ASMR」現象と根っこは同じなのでしょう。

ただし、明らかな違いもあります。お上品さは忘れ、大口を開けて、とにかく豪快においしそうに食べる出演者の姿を見続ける、それが韓国の「モㇰパン」なのです。

家に閉じこもり、一人の食事を強いられている一人暮らしの人びとにとって、「モㇰパン」や「ASMR」は食事の楽しさを思い起こさせ、孤独感を薄め、元気が与えられる番組となっているのかもしれません。

一人暮らしをする人が増え、核家族化が進む韓国では、「モㇰパン」や「ASMR」の人気はコロナ感染状況が収束しない現状を考えますと、しばらく続くのではないでしょうか。

5. 台所拝見

現在の韓国の一般的な家庭の台所は、日本のそれとほぼ同じです。台所と言いキすと、なんだか古くさい感じですが、電気、ガス、水道が一体化して機能的に優れた、料理を作る人の使い勝手を考えたイメージを思い浮かべていただければいいと思います。

日本では、「台所」のほかに「キッチン」「厨房」などと言いますが、韓国では「부엌」（プオㇰ／台所）、あるいは「주방」（チュバン／厨房）と言います。「厨房」という言い方は、日本と同じです。このように、見た目も言い方も同じような韓日の「台所」ですが、日本とまったく同じというわけではありません。特に料理に使う用具や備品には韓国ならではの、といったものがあります。

韓国のごく一般的な家庭の台所には冷蔵庫、電子レンジ、炊飯器、ミキサーといったものがたいていあり、日本とほぼ同じです。ただ、日本では、まず見かけないのが「김치냉장고」（キムチネンザンゴ／キムチ冷蔵庫）です。

焼き肉を切る(はさみとトング)

現在、韓国では、この「キムチ冷蔵庫」がない家庭は少ないはずです。名前の通り、キムチを入れておく冷蔵庫です。以前のキムチ冷蔵庫はボックス型で冷蔵庫ほど縦長でなく、蓋を上に開けるものが多かったのですが、腰をかがめてキムチを取り出すため、身体に負担がかかるということから、現在では冷蔵庫とそっくりな縦形が主流になっています。ただ、構造は冷蔵庫よりしっかりしています。

言うまでもありませんが、韓国の食事ではキムチは切り離せませんから、常に食べられるようにしておく必要があります。でも、キムチは発酵食品で、次第に熟成していきます。そのため、長く保存するには、かなり神経を使います。日本

コムザンカㇷ(ゴム手袋)

の糠《ぬか》漬けが毎日、糠床《ぬかどこ》をかき混ぜる手間がかかるのと似ています。

温度は一般の冷蔵庫よりかなり低めで、限りなく零度近くに設定し、冷凍庫としても使えます。キムチを長期間保存することができますし、熟成具合を調節することもできます。日本の我が家にもキムチ冷蔵庫があります（日本の電気製品店では購入できません）。私はさまざまなキムチだけでなく、日本の糠漬けも容器ごと入れたり、長期保存したい食品も入れたりして、大変役立っています。

キムチと大いに関連するのが「고무장갑」（コムザンカプ／ゴム手袋）です。

私が子どもの頃とはずいぶん様変わり

をしてしまいましたが、キムチを作る季節になると、一家総出、あるいはご近所と一緒にキムチ作りをするキムジャンには、このゴム手袋は必需品です。赤トウガラシや魚介類をふんだんに使って漬け込みますから日本のものより丈夫です。日本でも水回りやにおいなどが手に付くのを嫌って使う人はいますが、食品作りに使うことはあまりないように思います。

さらに似たような道具ですが、台所に常備されているのが「비닐장갑」（ビニㇽジャンガプ／ビニール手袋）です。

韓国の家庭料理の一つのナムルは、茹でたモヤシやそのほかの野菜に調味料、ゴマ油を加えて、和える料理です。このビニール手袋を使えば、ニンニクのにおいやゴマ油が手に付くのを避けることができます。また、これも私がよく作るプルコギは、肉に野菜を入れて下味を付けて揉《も》み込むので、やはり必要です。そのほか、ハンバーグや肉団子のようなものを丸めたりするのにもビニール手袋は非常に便利ですし、衛生的です。

韓国の料理には手で揉み込んだり、混ぜたりする料理が日本より多く、箸やスプーンで和えたりするよりずっと味が染み込むように思います。そして、このビニール手袋が役立つのがキムチ作りで、「양념」（ヤンニョム／薬味）をハクサイの葉ごとに塗り込んだりする細かい作業の時や、食事の際にキムチを保存容器から丸ごと取り出したりする時です。

ビニルジャンガプ（ビニール手袋）

ビニール手袋は日本の台所でも使われているかもしれません。でも、日本の台所では決して必需品となっていないのが「가위」（カウィ／はさみ）でしょう。

私が「はさみ」をいちばん使うのは、キムチを容器から取り出し（もちろんビニール手袋をしています）、それを切る時です。包丁やまな板を出して切るのが面倒な時にはとても便利です。長いハクサイを持ったまま切ることができるからです。そのほかカニを食べる時、魚のヒレを切る時などにも使います。そして、肉や麺を切る時にも使います。韓国に旅行した方なら焼肉や冷麺を食べる時に、店員が焼き上がった肉や器に入った冷麺をはさみで切ってくれるのを体験していることでしょう。

はさみと同様に韓国の台所に必ずあるのが「집게」（チップケ／トング）です。

日本でもトングは使われていますが、必需品という家庭はそう多くないと思います。でも韓国では、家庭でも焼肉をする機会が多いですから、どうしても必要になります。つまり、焼肉には「はさみ」と「トング」は一対《いっつい》の道具というわけです。そのほか、茹で上がったスパゲッティをお湯から取り出したり、魚貝類を焼いたりする時にも使いますが、こうした使い方は日本と同様です。

そして、日本の方ならなるほどと思うのではないでしょうか。「ニンニク潰し付き包丁」です。ちょっとした思い付きから生まれたのでしょうが、便利な包丁として使われています。

韓国料理では、ニンニク料理で使われます。ニンニクを細かく刻んだり、すり下ろしたりするのはけっこう面倒です。おそらくそう思っていた韓国人が多かったのでしょう。そこで考えられたのが包丁の柄《え》のお尻の部分を少し平らにして大きく頑丈《がんじょう》にした包丁です。ニンニクの塊《かたまり》をその場でたたいて潰せるようになっています。韓国では、あらかじめニンニクは潰して容器に入れて冷蔵庫などに用意しておくのが一般的です。でも、うっかりして潰したニンニクのストックがなかった場合などには、この包丁があれば慌てなくても済みます。
〝必要は発明の母〟などと言いますが、必要が生んだ道具で日本にないのは当然かもしれません。

ところで、韓国人のタンパク質は主に肉から摂取していると思っている日本の方は多いようです。でも、水産物の一人当たりの摂取量は日本より多く、その点はあまり知られていません。特に焼魚は家庭でもよく食べる食品です。

日本では、ガス台に魚などが焼けるグリルが備えられているのが一般的ですが、韓国では、グリル付きのガス台が少ないからなのでしょう、魚を焼く時にはフライパンを使う人が多くいます。私も台所のガス台にはグリルが付いていますが、それでもフライパンで焼いてしまいがちです。私のような者が多かったのでしょう、そこで考え出されたのが「魚焼き用フライパン」です。これだと火がしっかり通り、ほどよく焼けて、大変便利です。

日本にもあることはあるのですが、あまり普及していないようです。両面が鉄板でできていて、取っ手が付き、取っ手側で鉄板を上下に開けられるようになっています。取っ手を開いて油を加えてから、なかに魚を挟むようにして入れ、きちんと密閉して火にかけて焼きます。油が飛び散らず、においが抑えられますから、集合住宅などでは必需品となっています。

最後に、〝これは韓国だなあ〟と私でも思うのが「赤い色のまな板」です。日本では考えられませんが、キムチや赤トウガラシを思い浮かべれば、納得できると思います。そのほか、色やにおいの付きにくいまな板も同様の理由からです。

ここで取り上げた用具は、どれも韓国料理の食材に関係しています。どれもそれを使うのに適した、あるいは使い勝手のよい用具といえます。

一つの国、一つの民族の文化が育《はぐく》まれていく要素に「食」とそれに関連する「用具」があることを、身近な台所用品が教えてくれています。

6. 刺身談義

日本では、肉よりも魚が多く食べられ、世界一の魚食民族と見られてきました。確かに、日本人の平均寿命が長いのも、魚食が大きな要因になっていると思います。寿司などの「和食」が注目され、健康志向の高まりなどから、世界的に見れば魚の消費量は増えています。しかし、日本国内での海産物の消費量は減少しています。

一方、韓国は年々、海産物の消費量が増加し、今や世界でいちばん海産物の消費量が多い国になっています。また、よく中国人と同じように韓国人はあまり生魚を食べないと思われているようですが、それは間違いで、むしろよく食べます。

そこで、日本の刺身と比較しながら「韓国の刺身」について紹介することにします。

「韓国の刺身」は、「회」（フェ／漢字では膾あるいは鱠）と書きます。漢字が一種類あり、本来は「月」偏の會は肉を、「魚」偏の會は魚を表していました。現在、韓国はハングルを使用していますから、このような漢字の区別はなくなっています。したがって、韓国語で

白身魚の刺身

「회」（フェ）と言えば、生で食べる魚介料理や牛肉料理を指すことになります。日本でも「馬刺」「鳥刺」などのように馬や鶏の生肉を食べさせるお店もありますから、刺身が魚だけに限らないのは同じでしょう。ちなみに日本では、「膾」「鱠」という漢字は「なます」と読み、一般的な意味としては、野菜を刻んで三杯酢などで和えた、時には魚や貝類を入れた料理を指します。

そして、韓国では、通常「회」（フェ）と言えば、生で食べる魚介類を指します。以前は日本語の「サシミ」（사시미）と言っていましたが、今では「생선회」（センソンフェ）が一般的になっていて、生の魚介類を薄切りにしたものを指しま

カンジャン（醤油）

す。「생선」（センソン）を漢字で表記すれば「生鮮」です。

でも、私が「韓国の刺身」とあえてカッコを付けているのは、日本の刺身とはかなり異なっているからです。いくつかの違いを示してみます。

1．お店で「회」（フェ）を注文すると、サンチュやエゴマの葉など葉ものの野菜が一緒に出てきます。リンチュは日本では焼肉を食べる時に出される葉もの野菜です。ですから、日本の方は刺身とサンチュが結び付かないと思いますが、韓国では、焼肉と同じように刺身を包んで食べます。

2．「회」（フェ）は水槽などで生きて

いる魚を必ずその場で捌《さば》いたものを指します。日本でも生簀《いけす》を備え、生きた魚を丸ごと一匹、捌いて食べさせるお店がありますが、そうしたお店は多くありません。日本では、魚を冷蔵し、熟成期間を経て刺身として食べるのが一般的です。

その場で生きた魚を捌くのですから、とても新鮮なのですが、新鮮すぎて〝コリコリ〟〝シコシコ〟感が強すぎて、日本の方は魚の身の弾力とその味に最初は馴染めないかもしれません。

3. 魚は白身魚が主流で、日本のようにマグロなどの赤身魚は、むしろ珍しい魚です。白身魚としては、マダイ、ヒラメ、イシダイ、クロダイ、スズキ、カレイといった、日本でしたら高級魚とされる魚です。韓国人は赤身魚よりも白身魚を好む傾向があります。

4. 日本で刺身を食べる時には、ワサビと醤油、時にはニンニクやショウガが定番です。でも、韓国での定番は、次の三種類です。

①된장（テンジャン／味噌）と고추장（コチュジャン）を混ぜて作った甘辛い味噌ダレ쌈장（サムジャン）。

②고추장（コチュジャン）に酢を混ぜた초고추장（チョゴチュジャン）

③간장（カンジャン／醤油）と고추냉이（コチュネンイ／ワサビ）

韓国人は②の초고추장（チョゴチュジャン）につけて食べる人がいちばん多いでしょ

左上:カンジャン(醤油)/右上:テンジャン(味噌)/下:コチュジャン

う。③は日本から入ってきた食べ方です。韓国では、生ワサビの栽培技術がなかったため、主に日本の粉ワサビを使う店が多かったのですが、最近は、本格的な生ワサビ栽培ができるようになり、市場にも出回るようになってきています。

5. スライスしたニンニクや、刻んだ青トウガラシ、合わせ味噌の쌈장（サムジャン）と一緒に葉もの野菜に包んで食べます。醤油とワサビで食べる刺身に慣れている日本の方には刺身の繊細な味が堪能できない可能性があります。

6. 韓国の횟집（フェッチプ／刺身屋）で刺身を注文しますと、前述したよ

うに生きた魚を捌きますから、身は刺身として食べても、頭や骨などの部分が残ります。そこでこれらを利用した「매운탕」（メウンタン）と呼ばれる魚のアラでとったスープに野菜、豆腐などが入った辛い鍋料理が最後に出ます。

「매운」（メウン）は辛いという意味で、「탕」（タン）はスープです。赤トウガラシ粉やニンニク、고추장（コチュジャン）などが入りますから、かなり辛いものです。でも、韓国人が刺身料理店に入った時は、最後にこのメウンタンを口にしないと食べ終わったという気分にならない人が多いはずです。

以上、ごく大雑把に「韓国の刺身」について、日本の刺身と比較しながら書いてきましたが、最後に、日本の方はお店などで出された刺身の盛り付け方を見て、「えっ⁉」と思うかもしれません。とにかくお皿いっぱいに刺身が載せられ、空間の美や切り身の美しさはないからです。ここにも韓国の〝どっさり〟〝たっぷり〟という食べ物の盛り付け方が反映されているのでしょう。

7. 韓国人とお酒

日本では、「酒は百薬の長」などと言われています。ただし、この言葉には続きがあって「されど万病の元」となるのですが、なぜか前半だけがよく使われるフレーズです。この言葉、前半は中国の後漢の歴史書『漢書《かんじょ》』の「食貨志《しょっかし》第四下」にある「六管」について触れた箇所に出てくる言葉です。「六管」とは、酒、塩、鉄、貨幣の鋳造《ちゅうぞう》、名山《めいざん》、大沢《だいたく》は国家が管理するというもので、前漢と後漢の間に建国された「新《しん》」（BC八年〜AD二三年）を率いた王莽《おうもう》が出した政策の一つでした。

・塩は食物にとっていちばん大切
・酒は百薬の長（酒は百薬のなかで最も優れ、祝いの席に欠かせない）
・鉄は農耕の基本
・有名な山や大きな湖や沼は、豊かな蔵

というものです。一方、「されど万病の元」は吉田兼好《よしだけんこう》の『徒然草《つれづれぐさ》』に見える一節で、第一七五段に「百薬の長とはいへど、万の病は酒よりこそ起《おこ》れ」とあります。

この一七五段は飲酒のよい点も多少は述べられていますが、それ以上に飲酒が身体的に、精神的に、さらに社会的にも害を及ぼすという趣旨で記されています。病気の多くは酒が原因だとも言っています。

酒を飲み過ぎてはいけない、適量ならば害にはならないという意味で「酒は百薬の長」と言われているのでしょう。日本でこの言葉、飲酒する人なら知らない人はいないだろうと思います。少し意地悪な見方をすれば、適量で飲酒をやめる人が少ないという、警鐘《けいしょう》の言葉になっています。

一方、韓国では、お酒が飲めないと社会で成功しないとまで言われているほどで、人との交際では、日本以上にお酒は切り離せません。

それを証明するのが、ＯＥＣＤ（経済協力開発機構）が二〇二二年七月に公表した世界のアルコール消費量の国別ランキング（年間アルコール消費量を十五歳以上の人口で割った数値）です。そこでは韓国が二十九位、日本は三十八位でした。なんでもアジア地域では韓国が第一位だそうです。

だからでしょうか、韓国にも「一不三少五宜七過」（일불 삼소 오의 칠과・イルブル サ

チュアンサン（酒案床）

ムソ オウィ チルグァ）という言い方があって、「一杯ではダメ、三杯では足りない、五杯がちょうどよい、七杯は飲み過ぎ」という警鐘の言葉があります。この「一杯」の分量がどの程度なのかわかりませんが、日本の「酒は百薬の長、されど万病の元」より具体的です。でも、お酒には醸造酒《じょうぞうしゅ》と蒸留酒《じょうりゅうしゅ》があり、一般的には蒸留酒のほうが醸造酒より酒精分が高く、韓国人が飲むお酒は蒸留酒が主流ですので日本人よりお酒に強い人が多いのかもしれません。もっとも、最近は蒸留酒でも酒精分を低く抑えた焼酎（酒精分一五～二〇％）が主流になってきています。

韓国では、古くは「お客さんに十分に

食べてもらって、帰宅させる家は栄える」と言われていました。今でも韓国人は家に人を招くのを好みますし、食事でもてなすことがよく行われています。約束なしに来訪した人や来訪時間に関係なく訪れた人、特に男性客には「주안상」（チュアンサン／酒案床）という「酒肴《しゅこう》の膳」を出し、お酒とお酒のつまみになるような食べ物を出します。

マッコルリ

それでは、どのようなお酒が客人に出されるのか。それぞれの家庭で異なりますし、客人の好みもあるだろうと思いますが、次に韓国人の生活に馴染んでいると思われるお酒の種類をおおまかに挙げてみます。

●「マッコルリ」(막걸리)

現在では、日本のスーパーマーケットでも売られていますから、日本の方もご存じでしょう。長い歴史を持つお酒の一つで、白濁しています。米や小麦に麹《こうじ》と水を混ぜて発酵させます。白濁していて乳酸菌が豊富に含まれているため、少しの酸味と炭酸性があります。酒精分一〇%以下のものが主流で、他のお酒に比べて健康的(?)です。

경기도(キョンギド/京畿道《けいきどう》)の포천시(ポチョンシ/抱川市)の「이동막걸리」(イトンマッコルリ/二東マッコルリ)が有名ですが、最近はユズや高麗ニンジン、その他を加えたマッコルリも販売されています。

●「清酒」(청주/チョンジュ)

うるち米やもち米と水を原料に、麹を醸《かも》して作られ、上澄みだけを取り出したのが清酒です。醸造酒の清酒は色が透明に近く、味がまろやかで古くから祭祀や儀礼に使われてきました。

ちなみに日本で「薬酒」とは、薬草が入った薬の役目を果たすお酒を意味しますが、韓国では、上等な酒という意味になり、清酒を指します。上澄み部分が「약주」(ヤクチュ/薬酒)、あるいは「정종」(チョンジョン/正宗)と呼ばれます。そして、上澄みを取り出してない酒は「탁주」(タクチュ/濁酒)と呼び、これも韓国固有酒の一つです。

韓国の代表的な清酒は、慶州の「法酒」（법주・ポプチュ）が有名です。決められた規則通りに作る酒の意味で、仏教が盛んだった高麗（고려・コリョ）時代の十〜十四世紀頃は宗《そう》廟祭祀《びょうさいし》での官用酒でした。そのほかに、忠清南道《ちゅうせいなんどう》（충청남도・チュンチョンナムド）舒川（서천・ソチョン）の伝統酒である「韓山素麯酒」（한산소곡주・ハンサンソゴクチュ）も有名です。高麗時代以前の百済（백제・ペクヂェ）時代から伝わっている伝統酒です。もち米と麹が主原料で、そこに野菊、白豆、ショウガ、赤トウガラシを入れて百日間、熟成させた酒です。とろけるような甘い香りと特有の味わいから飲むのをやめられなくなるということから「座り酒」（앉은뱅이 술・アンズンベンイスル）とも呼ばれています。

高級なお酒だけに、マッコリ、焼酎、ビールほどには日常的にたしなむ人は少ないでしょう。

●「焼酎」（소주・ソジュ）

現在、韓国人が一般的に飲んでいる焼酎は大量生産したものです。焼酎は手ごろな価格のお酒と見られがちですが、伝統的な製造工程を守った蒸留式の焼酎もあり、慶尚北道《けいしょうほくどう》安東（경상북도 안동・キョンサンブクド アンドン）地域の特産品の「安東焼酎」（안동소주・アンドンソジュ）や全羅北道《ぜんらほくどう》全州（전라북도 전주・ヂルラブクド ヂョンジュ）の「梨姜酒」（이강주・イガンジュ）などナシとショウガを混ぜ合わせて作った高級焼酎などもあります。

出所：thamkc/©123RF.com　大衆的な焼酎の「チャミスル」

韓国では、一九八〇年代に焼酎がマッコリを抜いて国内消費量一位になり、現在はビールに抜かれましたが、それでも大変、親しまれているお酒であることに変わりありません。日本でも居酒屋などでソーダ類やお茶、お湯などで割って飲む焼酎は人気があります。

ただ、韓国の焼酎と日本の焼酎では違いがあります。日本の焼酎は麦、そば、米、サツマイモ、サトウキビといったように一種類の穀類やイモ類を主原料にして製造しますが、韓国の焼酎は米、麦、サツマイモ、トウモロコシなど何種類もの原料を混ぜて製造しています。一九四〇年代までは穀類を主原料に製造していましたが、戦争で米をはじめとする穀物が不足して、伝統的な焼酎の製造が禁止されてしまいました。その結果、さまざまな原料を混ぜるようになり、製造方法にも工夫が加えられ、現在の韓国独特の焼酎となりました。

日本でも焼酎には甲類と乙類がありますが、韓国にも希釈式焼酎と蒸留式焼酎があり、韓国で多くの人が飲んでいるのは「希釈式焼酎」で、酒精分は一五〜二〇％程度です。

韓国でも以前は酒精分が二十度以上の焼酎がほとんどでしたが、十五年ほど前から焼酎の酒精分を下げて、マイルドな焼酎が売り出されるようになりました。国民健康増進法が制定され、テレビ広告で酒精分が十七度以上のお酒は宣伝できなくなったからだとも言われています。

こうした傾向からかもしれませんが、韓国の若い世代には、フルーツ焼酎（과일소주・クァイルソジュ）に人気があるようです。オレンジ、イチゴ、桃、ユズ、グレープフルーツ、ブルーベリー、ザクロといった果物のエキスを加えた焼酎です。

前述しましたように、現在の韓国ではビールが消費量第一位です。日本のビールと味などはやや異なりますが、製造方法などに違いはありませんので、ここでは触れないことにします。またワインやウイスキーなども比較的身近なお酒として飲まれています。

確かに韓国人の生活には日本以上にお酒がよく結び付いています。友人、知人と集まり、

出所：ratru/©123RF.com　いろいろな種類の酒が並んだ陳列棚

ワイワイにぎやかに飲食するのを好む韓国人ですから、大勢が集まるちょっとした会になれば、必ずと言っていいほどお酒が欠かせません。それでなくても日常の生活のなかでも喜ばしいこと、嬉しいこと、悲しいことなどさまざまな状況に合わせてお酒が出てきます。

韓国での飲酒可能年齢は満十九歳からですが、飲酒の機会が多い社会生活を幼い頃から見慣れている若者が、実際にお酒を飲み始めるのは法で定められた年齢より下回っているのが実情です。

私自身の体験ですが、小学校六年生の頃、家で祖母の還暦の祝いを三日間にわたって行いました。遠くの親類が祝いに来られるようにと三日間にしたわけです。

その時、私も何か手伝いをしていて、無性にのどが渇き、いくら水を飲んでも渇きが止まりません。そんな私を見た祖母が祝いの席にあったマッコリに砂糖を入れて、数口飲むと渇きが止まるはずだと飲ませてくれました。ところが、砂糖入りマッコリがあまりにもおいしくて、祖母が席を離れた後、ガブガブ飲んですっかり酔ってしまい、目を覚ましたのは翌朝のことでした。

韓国では、一般的にお酒の飲みっぷりを褒めるような雰囲気があり、ついついおだてに乗って飲んでしまいがちです。私もそうだったのかもしれません。大人になってからはあまりお酒を飲まなくなった私からすると、こうしたお酒の飲ませ方は、健康によくないと思っています。

さらに心配なのは、年間で一カ月に一回以上、飲酒した韓国人成人（満十九歳以上）の割合が二〇〇九年から二〇一八年までの間に五％ほど増加していることです。特に、男性がやや減少しているのに対して女性の割合が大きく増加しています。女性の社会進出が増えたことなども影響しているのでしょう。

こうしたアルコール摂取量増加に伴う健康被害、未成年者の飲酒、酒酔い運転による交通事故、反社会的行為など、さまざまな問題が引き起こされています。

やや古い資料ですが、韓国の保健福祉部の二〇一七年度の統計ではアルコール中毒者が百三十九万人で成人の十人に一人が中毒症となっています。また男性では、アルコールが原因の有病率が二一・二％で成人男性の五人に一人となっていて、アルコール依存症も五・五％で世界平均の二倍ほどです。

こうした状況から、〝お酒は一種類、一次会で九時には帰る〟という「一一九指針」が十年以上前から出されていますが、大きな成果を上げていないのが実情です。

そのため、二〇二〇年からは酒類の広告に芸能人の写真使用禁止、酒類を飲むシーン禁止などが定められ、二〇二一年六月からの改正国民健康増進法施行令では、七～二十二時までテレビでの酒類コマーシャルが禁止され、同時間帯に街中の広告スクリーン、公共交通機関などでの広告も禁止されました。

現在、韓国はコロナの猛威《もうい》にさらされて飲み会も厳しく規制されています。人と集まることや行動が自由にならないだけに、多少はお酒との縁が薄らいできているのかもしれません。それなら、これをいい機会に「一一九指針」を完全に自分の生活のなかに定着させていけたらいいのにと密かに思っています。

「酒は百薬の長」で飲酒を止め、「されど万病の元」までお酒を飲まないようにしたいものです。

第三章　食べる

1. エゴマをご存知ですか？

新大久保のコリアタウンに出かけて、日本の方が何を買うのかを観察していますと、現在、韓国の何に興味や関心があるのかおおよそわかります。

そこでコリアタウンで見かけた日本の主婦らしい方たちが手に取り、購入していく食品について少し触れることにします。

コリアタウンのマーケットを覗くと、日本のスーパーマーケットではお目にかかれない食品や食材がかなりあります。特に野菜や果物は、季節ものが多い関係から、その時期をはずすと見ることはもちろん、手に入らないことになります。

たとえば、「참외」（チャメ）と呼ばれる、日本のマクワウリによく似た果物は初夏にしか店頭に並びません。かつては日本の八百屋さんにも必ずあったというマクワウリですが、現在では、日本のスーパーマーケットで見かけたことはありません。日本では、忘れられた果物になってしまっているのかもしれません。

チャメ

チャメの果肉はメロンほど柔らかくなく、甘味も薄いのですが、かって韓国にいた時、初夏になると道ばたで籠に山のようにチャメを入れて売っているおばさんたちからよく買ったことが思い出され、新大久保に行くとチャメの時期には必ず買って帰ります。

では、ここ数年、日本の主婦がよく購入しているものと言えば、「들깨」（トゥルケ／エゴマ）関連の食品を挙げることができます。

以前は乾燥タラ、ザクロの酢、日本の出汁《だし》の素によく似た「다시다」（タシダ）など、それぞれが人気商品として一時期、大変よく売れていたようです。これらのなかで根強い人気を保つと、日本のスー

エゴマの葉

パーマーケットにも並ぶようになり、いわばメジャーデビューを果たします。古くはキムチですが、お酒のマッコリ、ザクロの酢などもそうでしょう。

　ところで、このエゴマは韓国では、日常の食材として以前からよく使われています。エゴマは実だけでなく葉もよく食べます。エゴマの葉は一見、青ジソにそっくりですが、青ジソより葉に厚みがあります。青ジソにも独特の香りがありますが、エゴマの葉にも青ジソとは違った独特の香りがあります。韓国人でエゴマの香りが苦手だという人は少なく、それだけ馴染みがあると言えるでしょう。

　エゴマは夏の野菜ですが、現在はハウスでもよく育つので、季節に関係なく一

エゴマの油

年中、栽培できるのも韓国人に愛用され続けている理由の一つかもしれません。韓国では、厳しい寒さの冬場は十一～十二月頃に漬けたハクサイキムチを食べて、野菜不足を補うほどですから、年間を通して食べられるエゴマはありがたがられ、韓国人には身近な食べ物になりました。もちろん昔から健康に良いことは知られていました。

親の知人に約三十年間、エゴマの実を毎朝、ひと握りほど食べ続けていて、六十歳になった時も、白髪がまったくないばかりか、膚《はだ》がみずみずしく、とても若々しかった男性がいました。周囲の人から「なぜそんなに若く見えるの？　何か秘訣でもあるの？」と訊かれて、ご本

サンチュとエゴマの葉に包んで食べる

人は「別に何もしていないが、強いて言えば」と、エゴマの実を食べ続けていたそうです。一方、男性の奥さんは年下なのにかなり老けて見え、ご主人のようにエゴマを食べ続けてこなかったそうです。すべてがエゴマの効用とは断言できませんが、健康や美容に悪い働きをしていないことだけは確かなようです。

このように韓国では、エゴマは大変身近な食べ物になっていますが、決して韓国独特の植物ではなく、日本でもかつては生活に溶け込んでいたようです。日本では、もともと漢字で「荏胡麻《えごま》」と表記されていました。なんでも縄文時代からエゴマは栽培されていて、日本に伝えられたのは、その他のゴマよりも古いとのことです。中世末期まで、日本の植物油はエゴマ油で、灯火にも使われていたようです。ただ、乾性油のエゴマ油より不乾性油の菜種油が中世末期以降、普及しはじめ、次第にエゴマ油の利用が減り、現在では食用としてかろうじて特定の地域に残った以外は、日本の食生活からは遠ざかってしまったようです。

サムチュソ用のエゴマの葉など

したがって、多くの日本の方がエゴマは〝韓国のもの〟という誤った認識を持つことになったようです。二〇一五年前後から韓国からのエゴマ油の輸入量が爆発的に増えたのは、人間の体内では作れず、しかも人体に不可欠な必須脂肪酸の

α-リノレン酸を他の食用油に比べてエゴマ油が豊富に含んでいることが知られたからです。認知症やうつ病の予防、心筋梗塞や動脈硬化を抑制、中性脂肪を減らすといった効能が日本で注目され始めたからだと言えるでしょう。

ですから、エゴマ油に関しては、もはやコリアタウンのスーパーマーケットに留まらず、早くもメジャーデビューを果たしました。

でも、私はエゴマ油だけでなく、ぜひ、エゴマの葉もおすすめしたいと思っています。

韓国で最も一般的な食べ方はとてもシンプルです。エゴマの葉にそのままご飯や味噌、焼肉などを乗せて、包んで食べます。いわゆる「쌈밥」（サムバプ／包みご飯）です。

このほか、私がよく作るのは「깻잎김치」（ケンニップキムチ／エゴマの葉のキムチ）と「깻잎장아찌」（ケンニップチャンアチ／エゴマの葉の醤油漬け・味噌漬け）です。海苔と同じように温かいご飯をお箸で包むようにして食べますと、太りすぎを気にしながらついついご飯が進んでしまいます。

また、韓国人は海苔をよく食べますが、子どもの頃は母から韓国海苔にエゴマ油を塗りつける仕事をたびたびさせられたものでした。一度に百枚ほど、エゴマ油で味付けをしますから、結構大変でした。おいしいものをいただくためには辛抱強さも必要のようです。

ほかには「깻잎무침」（ケンニップムチム／エゴマの葉の和え物）や刻んだエゴマの葉と

「초고추장」（チョゴチュジャン／酢味噌風の酢ゴチュジャン）で和えたり、「찌개」（チゲ／鍋）に入れてもおいしいです。

韓国産エゴマの葉はまだコリアタウンでしか見かけませんが、いつかメジャーデビューできたらいいなと思っています。何しろ文句なしの健康食品なのですから。

日本でも栽培され、伝統的な食べ物として生活に定着している地域もありますから、日本でもう少し知られていくと、きっとそう遠からず私の近所のスーパーマーケットにも並ぶようになり、わざわざ新大久保のコリアタウンに出かけなくてもすむようになるかもしれません。

2. 自然を食べる①――ドングリ

『毎日新聞』二〇一八年一月七日朝刊の「〈調味料〉時短需要で消費多様化…変わるしょうゆ、酢」という記事が目にとまりました。

日本の食生活が多様化し、女性の社会進出がさらに進み、加えて健康への関心がますます高くなって、料理を作る時間の短縮希望者が増えていることが、その大きな理由だそうです。

当たり前のことですが、人間はどのような状況でも食べずに生きることはできません。でも、「何を」「どのように」「どこで」食べるかについては、時代、地域、民族などによって異なってきます。そして、その地域、民族による個々の価値観や慣習などで、それぞれの「食文化」が創られていきます。

冒頭の記事も原材料を加工して作られた醤油や酢に、さらに他の味を合わせた調味料が歓迎されていて、やがてそうした調味料がごく一般化して、新たな食文化が生まれてくるのでしょう。こうした便利、簡便さの追求の行き着くところがどこなのかわかりませんが、私は手作り派で、〝おふくろの味〟を大切にしたいといつも思っています。

多くの韓国人にとって、代表的な〝おふくろの味〟はキムチでしょう。でも、それ以外にも韓国では、日本の食生活よりも原材料を生かした、言い換えれば、作り手が手間ひまかけて作らなければならない食べ物が多く食卓に並びます。

たとえば、木の実です。日本の縄文時代（約一万五千年〜約二千三百年前）の食生活で、木の実は重要な食べ物であったことはよく知られています。おそらく人類が出現して以降、木の実は人類の生存に大きな役割を果たしてきたはずで、現在でも木の実が育つ地域であれば、人間はなんらかの木の実を、加工するか否かは別として食べています。

ところが、生活様式や食文化の変化で、日本では、ほとんど忘れられてしまっている木の実があります。「ドングリ」です。

「ドングリ」はカシ、ナラ、カシワなど、コナラ属樹木の果実の総称で、韓国では、ごく普通に食べられている木の実です。

食べ方としては「ドングリご飯」、「ドングリ餅」、「ドングリ粥」、小麦と混ぜた「ドングリうどん」、そば粉と混ぜた「ドングリそば」、辛い薬味で味付けした「ドングリビビン麺」、小麦粉と混ぜた「ドングリチヂミ」などがあります。なかでも「도토리묵」（トトリムック）は、韓国を旅行した時に食べたことのある日本の方もいらっしゃるのではないでしょうか。

ドングリ

「묵」（ムック）は寒天のような食べ物で、「도토리」（トトリ）が「ドングリ」を意味します。韓半島の伝統食品の一種で、ドングリのでんぷんを固めた、茶色いゼリー状の食べ物です。野菜と和《あ》えて、醤油やゴマ油、ニンニクなどをベースとした「양념장」（ヤンニョムジャン／薬念醤）をかけて食べるのが一般的です。

日本にもこの「トトリムック」が朝鮮半島から伝えられ、現在では、希少な郷土料理として、高知県安芸《あき》市に「かしきり」（樫豆腐）として残されています。また宮崎県の「樫《かし》の実こんにゃく」もカシの実（ドングリの一種）が材料です。耕作地の少ない山間地の大切な食材になっていました。そして、韓国、日本とも、凶作時の貴重な食品としても食べられてきました。

日本でドングリが食べられなくなったのには、食べるまでにあく抜きを含めて、さまざまな工程が必要で、時間がかかることや、森林が次第に減少する一方、実の収穫までに長い年月がかかるなどの要因があったと考えられます。さらに、生活スタイルの変化による経済的な効率性からも、次第に期間が短く、大量の収穫が可能な米やアワなどに取って代わられていったのでしょう。

でも、ドングリは縄文時代には主食として食べられていただけに、七〇％近くが炭水化物で、脂肪分が二〇％ほどで、そのほかタンパク質、アミノ酸やビタミンA、ビタミンCを多く含む栄養価が豊かな食べ物です。しかも、このドングリには〝デトックス効果〟があると言われています。

〝デトックス効果〟とは、体内に蓄積された毒素や老廃物などを体外に排出する役割です。私たちは生きていくために食物を摂取し、酸素を吸い込んでいますが、その時、食物や空気中からダイオキシンやカドミウム、水銀、鉛、ヒ素といった毒素も一緒に体内に取り込んでしまっています。食物に使われる保存料、着色料といった食品添加物に神経を使うのもそのためです。

こうして体内に入った毒素は体外に排出されにくい性質があるため、これらの毒素をスムーズに排出してくれる「アコニック酸」を含んだドングリは、大変ありがたい食物になります。もちろん、〝デトックス効果〟のある食物はドングリだけではありません。大豆、タマネギ、ゴボウ、ニンニクなどの身近な野菜にもあります。

トトリムックの和えもの

韓国も日本と同様に健康志向が高まってきていて、健康食品への関心度は、あるいは日本より高いかもしれません。そのため、日本でも主に中国の大気汚染の影響を受けてPM2.5の濃度が上昇し、健康になんらかの悪影響を及ぼすのではないかと心配されていますが、韓国は日本以上に中国に近いこともあって、人体への悪影響には大変敏感になっています。

こうして近年、韓国でもあらためて注目を集め始めたのが、このドングリなのです。韓国では、ドングリが身近な食べ物としてあり、特に「トトリムック」は好んで食べられる機会も多いだけに、健康食品としてのドングリへの再接近には、まったく抵抗がなかったのでしょう。

それだけでなく、女性たちからは「トトリムック」は特に好まれています。なぜならドングリの粉を寒天で固め、ゼリーのようにしたものですから、栄養価が高く、カロリーが少ないため、しっかり食べてダイエットできるというわけです。つまり、他のいろいろなナッツ類と比較すると、脂肪分が少ないのが特徴です。

また、ドングリにはタンニンが含まれていて、強烈な渋み（あく）を除去するのに手間がかかりますが、それでも残った少量のタンニンは、逆に毛細血管を丈夫にし、胃腸の粘膜を保護し、下痢止め効果があることはよく知られています。さらに、頻尿や水分代謝が悪く、むくみがちな人、不規則な便意に襲われがちな人にも効果があり、韓国の漢方医学書にも記述されています。

これまでは森のリスたちの大好物で、人間が食べるものではないと思っていた日本の方も多かったのではないでしょうか。多少なりとも、ドングリのイメージが変わって、ドングリに関心を持っていただけると嬉しいのですが。

我が家では、「トトリムック」は家族みんなの好物で、母が特に大好きで、よく作ってくれました。私は時どき新大久保にある韓国食品を扱うマーケットでドングリ粉を買ってきて、自分で「トトリムック」を作ります。その作り方は母から教えられたものです。

母は昔からの習慣が抜けないのでしょう、秋になるといつもドングリを拾いに山へ行きました。でも、最近は身体が思うように動かなくなり、市場かマーケットでドングリ粉を買ってくるようになっています。

日本で作るなら、韓国風料理でなくてもいいと思います。たとえば、ドングリクッキーやドングリパンなどは、どうでしょうか。ドングリを粉にするまでが大仕事だと思われる方には、最近は、日本でも健康食品として、ドングリに関心が集まるようになっており、自然食品店でドングリ粉を扱っていますので心配ありません。自然からの恵みで、すばらしい健康食品でもあるドングリ。日本でもっと見直される日が来るように、自然派、手作り派の私としては願わずにいられません。

3. 自然を食べる②――松の実

もしも韓国人の生活が旧暦とまったくつながりのないものになったら、生活リズムが狂うのはもちろんのこと、かなり味気ないものになってしまう気がします。旧暦は二十四節気に分けられていることからもわかりますが、自然の営みと強く結び付いていて、韓国人の生活はそれらと常に関わっているからです。

日本でも二月の行事として続いている「節分」の豆まきがそうでしょう。その翌日（二月四日頃）が「立春」で、旧暦では一年の始まりとされていて、その前日の「節分」に邪気を払うという意味から豆まきが行われます。

一方、韓国では、「立春」を迎えると、家の門や扉に「立春大吉」「建陽多慶」（春を迎えめでたく喜ばしいことが多くなるように）といった、縁起のよい文字や一年間の平穏無事や繁栄を願う文字を書いた紙を貼る家が少なくありません。また地域によっては、作物の根を抜いて、その年が豊作か否かを占います。

松の実

ところで、日本では「節分」に豆まきをしますが、これは日本独特の風習で韓国にはありません。ただし、邪気を払うという行事で言えば、韓国でも旧暦の一月十五日に行われます。

日本でもかつては、旧暦の一月十五日は「小正月《こしょうがつ》」と呼ばれ、「立春」後の最初の満月（望月《もちづき》）となる日で、多くの地域で豊作を祈願し、正月飾りや書き初めを燃やす行事（左義長《さぎちょう》）が行われていたようです。地域によっては「どんど焼き」などとも呼ばれ、その火で焼いた餅などを食べると、無病息災で過ごすことができると言われています。でも、残念ながら日本では、今でも「小正月」行事が残されているのは、一部の地域になってしまっているようです。

韓国の旧暦一月十五日は「정월대보름」（チョンウォルデボルム）と呼ばれ、日本の「小正月」に当たります。私もそうですが、「チョンウォルデボルム」と言えば、おそらく多くの韓国人が満月を思い浮かべます。そして、満月を眺めながら、その年の豊作と無病息災を祈ります。また、この日は豊作を願うことから「오곡밥」（オゴッㇰパプ／五穀飯）を食べる家庭が多くあります。この「五穀飯」とは、うるち米、麦、きび、豆、もち米、あずきなどで炊き上げたご飯で、地域によって穀物の種類は変わりますが、必ず五種類を混ぜ合わせます。

そしてもう一つ、この日に行われる行事に「부럼」（プロム）があります。奥歯で殻を噛んで音を出すことを「プロム」と呼びます。クルミ、松の実、クリ、ピーナッツ、銀杏《ぎんなん》など、殻付きの木の実を「대보름」（テボルム／小正月）の朝、「プロム」すると、その年、身体にでき物などができなくなり、また、噛んだ時の大きな音で鬼が驚いて逃げ出し、一年間は邪気を追い払うことができるとも言われています。

このような言い伝えが残されたのは、木の実には健康によい栄養素が多く含まれていて、寒いこの時期に木の実を食べることで、冬の寒さに打ち勝てる体力をつけようとした祖先の知恵が感じられます。

「ドングリ」と同様に「松の実」も日本の日常の食生活からはかけ離れた存在ですが、韓国

オゴッㇰバㇷ゚（五穀飯）

ではよく料理に使います。ただ「ドングリ」に比べると、高級で価格も高めですから、ふんだんに使った料理は多くありません。

この「松の実」、漢方医学書にも記されていて、古くから不老長寿、滋養強壮食品として知られていました。小粒ながらビタミンK、鉄分、亜鉛、マグネシウムなどのミネラルや不飽和脂肪酸（リノール酸、オレイン酸、ピノレン酸）が含まれていることから、コレステロールの調整作用、アレルギー改善、美肌効果、眼精疲労改善、整腸作用、貧血予防、糖尿病予防などに大きな効果があるとされています。さらに食欲抑制作用があるため、体重や体型が気になる人びとからは貴重な優良健康食品と見られています。

日本にもたくさん松の木がありますが、残念なことに日本の松からは「松の実」はとれません。五葉松《ごようまつ》系の松の木がほとんど自生していないからで、日本では、ごく一部の地域にしかありません。このように、身近なところにないことも、「松の実」が日本では、あまり馴染みのない木の実になっている理由の一つでしょう。

「松の実」は朝鮮五葉松の松かさに入っている実で、主に韓国や北朝鮮、中国、モンゴル、ロシアなどの高地（気温が低い地域）に自生し、松かさが大きいのが特徴です。韓国では、경기도（キョンギド／京畿道《けいきどう》）の가평（カピョン／加平）が松の実の産地として有名で、最近は地名を入れた「松の実マッコリ」というお酒が人気商品となっています。

「松の実」は「ドングリ」と同様に硬い殻をむくことから始めなければならず、手間ひまがかかります。

韓国の伝統的な結婚式では、婚礼の後、新婦が民族衣装に着替えて、舅《しゅうと》と姑《しゅうとめ》に挨拶をする儀式がありますが、その時に新婦から差し上げる品物のなかに、松の実をふんだんに使った食べ物が多いのが一般的です。

韓国の料理で松の実が主役を務める料理は少なく、たいていは脇役です。その大きな理由は貴重で高価というだけでなく、カロリーが高く、多量に食べるとかえって身体によくない

サムゲタン(参鶏湯)

という理由もあるからでしょう。でも、不老長寿、滋養強壮食品だけあって、存在感はかなり大きく、多くの料理に用いられています。用い方としては、松の実の形をそのまま残して使う場合と、細かく潰して使う場合とがあります。

韓国人に最も馴染みある松の実を使った料理といえば、鶏の腹に高麗ニンジンともち米、干しナツメ、クリ、松の実、銀杏などを詰めて煮込んだ「삼계탕」(サムゲタン/参鶏湯)でしょう。でも、松の実は脇役ですから、私なども「参鶏湯」を食べていても、あまり松の実を食べたという意識はありません。

チゲ料理、焼き物料理などにも使われますが、日本の方がちょっと違和感を覚えるのが刺身などに松の実を細かく潰して、薬味として使うことです。そのほか、潰して細かくした松の実と塩、ゴマ油などを混ぜ合わせた調味料を作り、和え物などに使うこともあります。

また、伝統的な韓国のお菓子にも使われていますから、韓国人は幼い頃から「松の実」がいつもそばにあると言えます。たとえば、「잣강정」（ジャッカンジョン）と呼ばれるお菓子は、松の実を日本のおこしのようにしたもので、まさに松の実が主役です。さらに松の実が主役となる数少ない料理としては、「잣죽」（ジャッチュク／松の実粥）があります。

基本的な作り方は、松の実と米を水に浸けた後、水気を切って定量の水と一緒にミキサーで攪拌《かくはん》します。とことんクリーミーにするか、少し粒状を残すかはお好みです。これを鍋に移して弱火で三十分ほど加熱します。だまにならないように弱火でかき混ぜながら、ドロッとしてきたら、塩で味付けをして、松の実を乗せます。滋養豊かで胃腸に優しい「松の実粥」のできあがりです。

松の実さえ手に入れば、日本でも簡単に作れますから、ぜひ一度試してみてください。「松の実」はスーパーマーケットでも売っていますので、「ドングリ粉」よりは入手しやすいと思います。

韓国では、旧暦元旦の「名節」（ミョンジョル）土産として「松の実セット」が人気商品す。

「ドングリ」も「松の実」も自然が人間に与えてくれた恵みの一つです。しかし、地球の環境は人間によって確実に破壊されていく一方のように見えます。朝鮮五葉松も遠い昔には日本で、もっとたくさん自生していたと考えられています。しかし、高地で低温を好む五葉松系は、現在では自生する地域が限られています。今後、ますます地球の温暖化が進むと、現在、自生している地域から次第に五葉松系が姿を消し、「松の実」がとれなくなる可能性も否定できません。

「自然を食べる」とは、自然からその恵みを食べさせてもらっていることにほかなりません。私たち人間は、もっと自然に寄り添って生きていかなければならないという思いがますます強くなってきています。

4. 自然を食べる③――キキョウ

六月から九月頃まで青紫や白い花を咲かせるキキョウは、日本や韓国ではよく見かけ、比較的身近な花として親しまれています。日本では、古くから身近な花だったからでしょうか、「秋の七草」にも入っています。ちなみに「秋の七草」とは、オミナエシ、オバナ、キキョウ、ナデシコ、フジバカマ、クズ、ハギの七種類で、「春の七草」と違って食用ではなく、もっぱら観賞用です。

キキョウの花言葉は、「永遠の愛」「誠実」「清楚」「従順」と、どれも素敵です。花の色で分けると、紫色は「気品」で、白色は「清楚」「従順」だそうです。ちなみに、かつてNHKで『麒麟《きりん》がくる』という大河ドラマがありましたが、主人公・明智光秀の家紋がキキョウの花をあしらった「桔《き》梗《きょう》紋《もん》」です。

このように日本では、「キキョウ」と言えば、花というイメージが定着しています。ところが、韓国人が「도라지」（トラジ／キキョウ）と聞けば、花そのものより食べ物、しかも、

少々高級な食べ物として思い浮かべる人が多いはずです。私も例外ではありません。

日本では、多くの人が「キキョウを食べるの?」とおそらく驚くと思いますが、韓国人が食べるのは花ではなく、根です。漢方薬に多少知識がある人でしたら、トラジのサポニン成分は喉の炎症や痛みを鎮め、体内の化膿したウミを排出する「排膿作用《はいのう》」、心臓の動悸を鎮めたり、痰《たん》を除去する効果があり、実際、日本で市販されている『龍角散』などに処方されています。

サポニンは植物の根、葉、茎などに含まれています。日本では、大豆や大豆製品、それにゴボウなどが日常的に食材として使われていると思います。でも、キキョウは日常は食べないと言っていいでしょう（一部の地域では日本でも食べられているようですが）。

韓国料理でよく使われる「トラジ」の根は一～四年物です。食べ物としてのトラジが韓国人の生活に深く関わっていたことは、『トラジ』という民謡が古くから歌われてきたことからもわかります。「奥深い山に白いキキョウをとりに出かけ、一つ二つ掘るだけで大きな籠がいっぱいになる」と歌われる民謡は『アリラン』と並んで、二大朝鮮民謡と呼ばれています。

このトラジは、民謡の歌詞にもあるように、奥深い山に入ってキキョウの根を掘り起こし、それを持ち帰ってというように、食べるまでにはそれなりに手間ひまがかかります。そのため、韓国でも馴染み深い食材とはいえ、現在では、安価な食材とは言えなくなっていて、市販されているトラジの多くは、食用として栽培されているものがほとんどです。野生のトラジとなると、その量は少なく、ずっと高価なことは言うまでもありません。

韓国では、掘り起こしたトラジの根の表皮を取り除いて洗ってから、細長く切るか縦に裂いたもの、乾燥させたものなどが売られています。このトラジには独特の苦味があります。そのため、そのままでは食用に適さないため、生の場合は、しばらく水に晒《さら》したり、塩もみしたり、茹でて苦味を抜きます。乾燥させたトラジを使う時

キキョウの花（白い花もある）

細切りしたトラジ(キキョウの根)

には、茹でてから使います。

トラジは繊維質が多く、ゴボウに似たコリッとした食感で、独特の苦味があります（それが好きと言う人もいます）。乾燥させたトラジは水に浸けてから二時間ほど置かないと料理に使えませんが、一般的な料理としては、キムチやナムルにして食べるほか、焼いたり煮たりします。また、トラジに蜂蜜を加えて、じっくりと煮詰めたトラジの甘露煮《かんろに》はお菓子のように食べることができます。そのほか佃煮やふりかけなどにも加工され、これらは市販されています。また、本来が漢方薬の一つとして用いられていて、家庭で粉末にしたり、お湯で沸かしたりして飲みます。健康食品として、たくさんの種類の商品も市販されています。

このようにトラジは元来、漢方薬の一つですから、韓国では、家庭でもトラジを使った健康食品的なものを作ってきました。ただし、現在では核家族化し、夫婦共働きという家庭が増えてしまったので、自分で作る時間がなく、市販されているもので間に合わせるようになっているのは仕方ないのかもしれません。我が家でも、私が子どもの頃から母がトラジの水飴を作ってくれていました。

「조청」（ヂョチョン／水飴）は、飴は飴でもドロッとした粘り気のある、少し茶色の半透明の甘味料です。現在では、お菓子作りや料理の甘さを引き立たせるために使われています。

「水飴」は、でんぷんの汁を煮詰めて作るのですが、通常、でんぷんはジャガイモなどからとります（市販されている片栗粉がそれに当たります）。

完成までにはいくつもの工程と時間がかかりますから、作るとなると、かなり大変です。まず、トラジを水で戻してから細かく切って、柔らかくなるまでひたすら煮込みます。その間に水が少なくなれば水を足します。

我が家では、これにのり状にしておいたナシ、米、麹《こうじ》を入れて混ぜ合わせ、七時間ほど保温しておき、それを濾《こ》した液体を鍋で煮詰めていきます。焦《こ》げないようにしゃもじなどで攪《かく》拌《はん》を続けて、好みの粘り気が出てくるまで煮詰めたら水飴の完成です。

トラジの水飴は、そのまま舐めてもよいのですが、トラジの漢方薬的な効能から、喉が痛い時や風邪気味の時などに、母から必ずお湯に溶かしたトラジの水飴を飲まされたものでした。甘いので飲みやすく、薬というより甘味を加えたショウガ茶のような感覚で飲んでいました。

韓国では、このほかにダイコンの水飴もよく知られていて、パンにつけて食べたり、お湯で溶かして飲んだり、料理の甘味料としても使われています。

5. 韓国の冷麺

梅雨明けが近づき、夏がそこまでやってきますと、暑さ対策のクール商品が市場に出回り始めます。

私が知っているだけでも、濡《ぬ》らして軽く絞り、さっと振ると、一気に冷え冷えになるタオル、保冷剤を入れて首に巻くスカーフもどき、冬のほかほかカイロの夏版といえる、強くたたくと急激に冷えるポケットに収まるサイズの袋、さっと塗るだけでひんやりするローションタイプ、手に収まるような電動小型扇風機等々、こうした商品はかなりたくさんあるようです。さらに真夏用のマスクとして、ひんやりマスクもいくつか商品化されています。

一方、韓国では、暑いから熱いスープ料理や鍋料理を食べ、「이열치열」（以熱治熱《イヨルチヨル》／熱を以て、熱を治める）という考え方が伝統的にあります。熱い料理を食べて汗をいっぱい出し、ひんやり感を大いに味わいましょうというわけです。

でも、やはり冷たい水やお茶、かき氷など、喉越しの清涼感は夏の醍醐味《だいごみ》と言えるかもし

混ぜ冷麺（ビビンネンミョン）

れません。こうした夏場の清涼感が味わえる日常的な食べ物に、日本なら冷たいそうめんやそばがありますし、韓国ではなんといっても「냉면」（ネンミョン／冷麺）でしょう。

日本でも「盛岡冷麺」「別府冷麺」などがあり、特に「盛岡冷麺」は、ご当地商品として、広く知られてきました。ところで、この冷麺を食べて、その食感から日本のそばを思い浮かべる日本の方はほとんどいないと思います。スープは肉の出汁《だし》ですし、盛り付けられる食材は肉、ゆで玉子、キュウリ、キムチ、ナシ、スイカ、トマトなどの果物等々です。硬くしまった麺は噛み切りにくく、日本のそばのつもりで食べるとびっくりするかもしれません。そのため、日本のそばと冷麺が結び付かないのは当然かもしれませんが、原材料は実は同じそば粉なのです。

そばは、米を作るには不向きな寒冷で、土地が痩せていて、水はけのよい土地を好みます。そのため、あえて傾斜地で育てるほどで、干ばつにも強い作物です。このように、そばは通常の穀物や作物が育ちにくい土地でも収穫できるため、かつては食糧飢饉《ききん》などの救荒《きゅうこう》作物、あるいは備荒《びこう》作物と考えられてきました。

大根の水キムチ（トンチミ）

このような性質を持ったそばですから、冷麺の発祥地は韓国ではなく、朝鮮半島の北部、つまり現在の朝鮮民主主義人民共和国（北朝鮮）です。北朝鮮は国土の大部分が山と丘陵《きゅうりょう》による山岳地帯で平野部は少なく、農業に適していない土地が多い国です。また、気候は韓国以上に大陸性気候で、冬の寒さは韓国よりもさらに厳しく、夏場を除くと雨が少なく、干ばつや水不足で食糧危機のニュースが北朝鮮から聞こえてくるのがそう珍しくないのも、こうした地勢や気候とも無関係ではないでしょう。

だからこそ、人びとの生活とそばが密接に結び付いていて、辛くない、冷たい、酸味のある「동치미」（トンチミ／ダイコンの水キムチ）に麺を入れただけという、大変簡単な食べ方が冷麺の最初だったようです。

現在では、韓国の代表的な食べ物のように思われている冷麺ですが、韓国の人が冷麺を食べるようになったのは、朝鮮戦争（本書四一頁三行目参照）で韓国に逃れてきた北朝鮮の人びとが広めて以降のことで、韓国の冷麺の歴史はそれほど古くありません。そのためでしょうか、韓国で食べる冷麺にもかかわらず、店などでは「평양냉면」（ピョンヤンネンミョン／平壌《ピョンヤン》冷麺）、「함흥냉면」（ハムンネンミョン／咸興《ハムン》冷麺）と北朝鮮の地名が付けられているのが一般的で、「韓国冷麺」「ソウル冷麺」とはあまり聞きません。

さらに、北朝鮮で食べられている「冷麺」は、確かに冷たい麺なのですが、本来は夏場の食べ物ではなく、冬に暖まった部屋で食べる寒い時期の食べ物でした。現在の韓国では、夏の食べ物と考えられていて、その意味では、日本でお馴染みの冷麺は「韓国式冷麺」と言えます。

冷麺は大きく「平壌冷麺」と「咸興冷麺」の二種類に分けられます。「平壌冷麺」は「물냉면」（ムルレンミョン／水冷麺）のことで、「咸興冷麺」は「비빔냉면」（ピビンネンミョン／混ぜ冷麺）のことです。

地理的にいえば、「咸興」は日本海側に面していて、平壌より三百kmほど北東側に位置する朝鮮初代国王李成桂（イ・ソンゲ）誕生の地です。「平壌」は黄海に近いとは言っても、海には面していません。韓国のソウルからやや北西におよそ二百km移動したあたりです。この二つの地勢と風土の違いが異なる冷麺を生み出したとも言えます。その違いを簡単に述べますと、麺に入る具材の違いとスープの有無です。

韓国の冷麺の作り方は、日本のそばの作り方と異なります。

麺はそば粉が主な原料ですが、「平壌冷麺」には、緑豆粉が加えられ、つなぎに小麦粉などが使われます。「咸興冷麺」には、つなぎにジャガイモやサツマイモ、トウモロコシなどのでんぷんが使われます。いずれも現在では製麺機で練り、麺絞り出し機で押し出して（まるでところてんのように）作ります。

日本のそばは、そば粉のほかにつなぎとして小麦粉を入れ、手で丹念に練ってから、そば

水冷麺（ムルレンミョン）

を麺棒で伸ばし、薄い板状にして専用の包丁で細く切ります。もっとも最近では、日本でも麺絞り出し機で作っているところもあるようです。

「平壌冷麺」はそば粉と緑豆粉が主な原料ですから黒っぽく、「咸興冷麺」に比べると噛み切りやすいのですが、日本のそばと比較すると、やはり噛み切りにくいと思います。「咸興冷麺」は「平壌冷麺」とつなぎが異なるため、白っぽく、非常に噛み切りにくい麺が売りになっています。

「咸興冷麺」、「平壌冷麺」とも日本のそばと同じように茹でて、それを流水で丹念に洗いますが、前述したように、「平壌冷麺」は「ムルレンミョン」（水冷麺）

ですから、牛肉やキジ肉をじっくり煮込んだ出汁が本来のものです。ただ、最近はキジが手に入りにくくなったため、牛の脚の骨で出汁を取ったりもします。このスープこそが冷麺の旨味の決め手と言ってもよく、スープはさっぱりしていてコクがあります。スープが透明でないものはそれだけで失格ですし、さらに肉の臭みなどが残っていてもやはり失格です。

旨味の出た冷たいスープにダイコンの水キムチ（トンチミ）を混ぜたり、薄切り牛肉、キュウリ、ダイコン、ゆで玉子やナシ、スイカ、トマトなどの果物を加えたりして、麺に載せます。

「平壌冷麺」に必ず一緒に出てくるものがあります。それは酢とからしです。酢はさっぱり感を倍加させますが、スープに直接入れずに麺にかけるのがコツです。からしも辛さを求めるというよりはさっぱり感を味わうためです。なかには砂糖を入れる人もいます。

「咸興冷麺」は「ピビンネンミョン」（混ぜ冷麺）ですので、スープ麺ではありません。コチュジャンなどの味噌類、トウガラシの粉、酢、ニンニク、ショウガ、ゴマ油、砂糖などを組み合わせた調味料「양념」（ヤンニョム／薬味）は一般的に辛めで、これを麺と混ぜ合わせ、肉、ゆで玉子、キュウリなどが盛り付けられます。ただ、「咸興冷麺」としてよく知られているのは、エイ、カレイ、スケトウダラ、イカなどの「회」（フェ／刺身）を混ぜて食べる「회냉면」（フェネンミョン／刺身冷麺）です。海に面した地域だからこその郷土料理

と言えます。
「咸興冷麺」を食べる時には、特に「刺身冷麺」の場合は、辛さや甘さを調節するために、醤油、塩、ニンニク、ショウガ、トウガラシなどを細かく切って混ぜ合わせた辛い調味料や砂糖をお好みで使います。

以上、代表的な冷麺二種類を紹介しましたが、このほかに日本では、クズ湯やクズ餅、くずきりとして食べられ、漢方薬の葛根湯《かっこんとう》などの原料になるクズ入りの冷麺の「칡냉면」（チンネンミョン／葛冷麺）、夏場だけ、ごく庶民的な食堂で食べられる「열무냉면」（ヨルムネンミョン／ダイコン葉キムチ冷麺）などもあります。

私は「咸興冷麺」、「平壌冷麺」の両方とも好きで、夏になるとよく食べましたが、日本に来てからは、食べる機会が減ってしまいました。でも、韓国では、最近は一年中食べることができますし、インスタントラーメンのように手軽に食べられる商品もかなり豊富に出回っていて、日本でも韓国食品の専門店で、よく見かけるようになりました。

韓国人と冷麺のつながりは七十年に満たないのですが、今やすっかり韓国人の食生活に根付いています。ただ、韓国にも古くからそばの産地があり、「咸興冷麺」「平壌冷麺」ほど日本では知られていませんが、この地域の郷土料理となっていることを最後に触れておきます。

二〇一八年の冬季オリンピックが開催された平昌（평창・ピョンチャン）は記憶に新しい

マックックス

と思いますが、この平昌がそばの産地です。平昌がある江原道《こうげんどう》（강원도・カンウォンド）は山岳地域が広く、一、二月の降雪量が多く、稲作ができなかったために、そばの栽培が盛んになりました。その郷土料理が「막국수」（マックックス）と呼ばれる「そば冷麺」です。これは、ほぼそば粉だけで作られ、少し小麦粉をつなぎに使う場合もありますが、麺そのものの食感は日本のそばに近いでしょう。

ただ、味付けはまったく違っていて、甘酢っぱい薄切りダイコン、キュウリ、ニンジンの千切り、海苔などを載せ、赤トウガラシ入りの甘辛い調味料「양념」（ヤンニョム／薬味）に、ゴマ油をたら

して混ぜて食べます。これに酸味のある「トンチミ」（ダイコンの水キムチ）の汁などをかけて、からしや酢を加えて食べる人もいます。また鶏肉、あるいは豚肉、ゆで玉子などが添えられることもあります。

日本のそばに食べ慣れてきている私からしますと、この「そば冷麺」も「盛岡冷麺」ほどではないにしても、もう少し日本で食べられるようになったら、日本でのそばの世界がさらに広がるのでは、などと思っています。

6. 豆腐あれこれ

韓国でも夏になりますと、冷たい麺類を食べる機会が増えるのは日本と同様ですが、もう一つ、韓国でよく食べられるのが、豆乳麺（콩국수・コンクッス）です。

冷蔵庫で冷やしておいた豆乳を、手打ちうどん、そうめん、地域によってはそばなどにたっぷりとかけて、キュウリやトマトなどの夏野菜を載せて食べます。味付けは、塩とほんの少々砂糖を使うのが一般的です。

最近は、生活に時短、簡便を求めるためか、市販されている豆乳で作る人が増えていますが、私の母などはまず大豆を購入し、それを水に浸けて豆乳を作ることから始めます。そのため、豆乳麺を食べるとなると、一日がかりになります。ふやかした大豆とゴマ、ピーナッツ、時には松の実なども加えてミキサーにかけて作られた豆乳は、大豆などの香りが濃厚で、栄養価が高く、夏バテ防止にはピッタリです。私も母の作り方を真似て大豆から手作りで豆乳を作り、豆乳麺を食べることがあります。

コンㇰクス（豆乳麺）

日本では、豆乳と豆腐は別物として扱われていますが、韓国では、豆乳も豆腐の一種です。しかも豆乳には二種類あります。

一つは、「콩물」（コンムㇽ）と呼ばれるものです。「コンムㇽ」とは「豆の水」という意味で、その名の通り、液状のままで固形になっていません。前述した豆乳麺に使われたり、他のスープの材料として使われたりもします。

もう一つは、「두유」（トゥユ）です。こちらを漢字で表記すれば「豆乳」です。もちろん液状です。ところが、韓国の「두유」（トゥユ）は甘味が加えられた完全な飲み物ですので、料理には向いていません。日本では、料理用でも飲み物用

スンドゥブチゲ（純豆腐チゲ）

でも「豆乳」という一つの言葉で通用しますが、韓国では使い分けが必要です。

日本の豆腐は大きく分けると、絹ごし豆腐と木綿豆腐の二種類になります。絹ごし豆腐は滑《なめ》らかな食感が特徴で、木綿豆腐に比べて柔らかいのは、豆乳を型箱に入れて、そのまま凝固《ぎょうこ》させるからです。木綿豆腐のように水分を取る工程がないため、豆乳を入れる箱に穴はなく、豆腐の味が薄くならないように豆乳は木綿豆腐より濃いものが使われます。

ところが、韓国には日本の絹ごし豆腐よりもっと柔らかい「순두부」（スンドゥブ）という、日本の寄せ豆腐（おぼろ豆腐）に近いものがあります。寄せ豆腐は豆乳ににがりを入れて、凝固する前

に取り出したもので、とても柔らかく、そのまま食べるのがいちばんだそうですが、私が住む近所のマーケットなどではあまり見かけません。

一方、「순두부」（スンドゥブ）は、漢字で表記すると「純豆腐」です。日本でも鍋料理の「純豆腐」を看板にした韓国料理店を目にしたことがあると思います。韓国では、この絹ごし豆腐より柔らかい「순두부」（スンドゥブ）は、鍋（チゲ）の中心的な食材として使われるのがほとんどで、お店でこの豆腐を買う人を見かけたら、その日は純豆腐鍋と判断して、ほぼ間違いないでしょう。その他の食べ方としては、日本のおぼろ豆腐と同じようにそのまま食べる時もあります。

日本の絹ごし豆腐にいちばん近いのが「연두부」（ヨンドゥブ／軟豆腐）です。ただ、絹ごし豆腐より柔らかく、固まり方が弱く、崩れやすいです。この豆腐は日本の冷奴のようにして食べることが多く、あまり用途が多くないので、販売されている商品数は多くありません。

そして、韓国でいちばん食べられているのが「두부」（トゥブ）です。漢字で表記すれば「豆腐」で、あらゆる韓国料理に使われます。日本の木綿豆腐に近いのですが、日本の木綿豆腐より固めです。ただ、韓国の「두부」（トゥブ）には二種類あって、一つは汁物（クック／チゲなど）用です。日本の味噌汁に似ている味噌チゲに入れるのが、この「두부」（トゥ

プッチムゲチョン

ブ）です。前述した「순두부」（スンドゥブ）は辛いチゲ（鍋）に入れる豆腐ですので、味噌か辛いスープ、あるいは辛くないスープのどれを使うかで豆腐の種類が違ってきます。

もう一つは、プッチム用です。「부침」（プッチム）とは、豆腐に小麦粉と卵をつけて油で焼く料理で、そのため、チゲ用豆腐より少し固めです。小麦粉をつけずにそのまま焼いて、お好みの薬味をつけたり、キムチを載せて食べたりもします。あるいはプッチム豆腐をさらに煮付けて食べることもあり、これは私の大好物です。

ところで、豆腐を作る際に、大豆から豆乳を作り、それを搾った後にかすが残

ります。この残りかすを日本では「おから」、韓国では「비지」（ピジ）と言います。残り物ですから値段はとても安く、韓日とも豆腐屋の店先などに無料で置いてあります。

でも、残りかすですが、植物繊維が豊富で栄養価も高く、もっと注目されていい食べ物だと思います。韓国では、鍋料理などに使われ、日本では、おからの炒り煮やおからハンバーグ、クッキーなどに利用されているようです。

でも、豆腐ほどに目が向けられていません。食品としての需要が少なく、日持ちがしないため、廃棄されてしまうケースが多く、とてももったいないと思います。

韓国には、豆腐料理の専門店が郊外に行くと数多くあります。これらの店は手作り豆腐を作っていますから、当然、「비지」（ピジ／おから）が出ます。

こうした豆腐専門店では、お客さんに無料でおからを分けるのが一般的ですが、ただ、それだけでなく、できるなら、さまざまな魅力的なおから料理を創作して、豆腐料理に負けない商品をメニューに加えていって欲しいものです。そうすれば、一般の家庭にもさまざまなおから料理が食卓に並ぶようになり、豆腐料理がもっと豊かになるのではないでしょうか。

7. すいとん

日本の若い人に「すいとん」という食べ物を知っていますかと訊ねると、地方によって呼び方は異なっているようですが、出身地方によっては、日常的に食べるという人もいます。でも、たいていは知りません。一方、高齢の方に伺いますと、「あれは不味《まず》かった」とたいてい顔をしかめられます。日本の高齢の方にとって「すいとん」には、あまりいい思い出がないからだと思います。

日本はアジア諸国への侵略戦争、連合国との戦争、そして、一九四五年八月十五日の無条件降伏によって、人びとの食糧事情は劣悪《れつあく》になったと聞きます。もちろん、敗戦以前から食料の欠乏《けつぼう》は起きていて、この「すいとん」がお米の代用食として食べられていました。「すいとん」の原材料は小麦粉ですが、当時、小麦粉は手に入らず、高粱《コーリャン》や大豆、トウモロコシの粉、さらには糠《ぬか》（白米にするために玄米を精米して取り除かれたもの）などが使われていました。そのため、お世辞にもおいしいとは言えない食べ物で、空腹を満たすためで

スジェビ（すいとん）

しかありませんでした。

でも、本来の「すいとん」は、小麦粉を練ってひと口大に丸めて、出汁《だし》と一緒に食べる汁物で、日本では「水団」「水飩」という漢字が当てられ、韓国では「スジェビ」（수제비）と言います。私は日本の方から韓国には「すいとん」という日本の「すいとん」のようなものがあるようだけれど、違いがあるのかと聞かれることがあります。原材料は小麦粉で汁物ですから、私は「だいたい同じです」と答えます。

韓日両国とも「すいとん」の歴史はかなり古く、日本では室町時代（一三三六～一五七三年）に、韓国では高麗《コリョ》時代（고려시대／九一八～一三九二年）には

すでにあったようです。でも、小麦粉は貴重な穀物でしたから、誰もが食べられるようになったのは、日本では江戸時代後半期頃で、うどんのように気軽に食べられる庶民感覚の食べ物でした。

韓国でも朝鮮戦争（本書四一頁三行目参照）前後は食糧事情が悪化したため、一時は代用食のようなイメージで貧しい食べ物と見られた時代もありました。

その意味では、韓日両国とも戦争前後に「すいとん」は貧しい食べ物という、同じようなイメージが生まれていましたが、韓国では、やがて「すいとん＝貧しい食べ物」から抜け出し、今では家庭料理としてすっかり定着しています。

一方、日本では、「すいとん」とは呼ばずにその地域の郷土料理としての名称を持ち、その地域らしい味付けや具材を使い、さらには家ごとにも特色を出して脈々と受け継がれてきているところもあります。

しかし、全国的に知られている「すいとん」という名前になりますと、日本の家庭料理として定着しているとはとても言えないようです。その証拠に、スーパーマーケットで「すいとん」やそれに関わる食品はごくたまにしか目にしませんし、「すいとん」という言葉や広告も、少なくとも私は耳にしたことも、見たこともありません。日本では、忘れられた食べ物になっているのではないでしょうか。

韓国では現在、この「すいとん」が日常の食生活にしっかり定着していることは、「すいとん」を食べさせる専門店がたくさんあることからもわかります。おそらく韓国人で嫌いな人は少なく、多くの人に親しまれていると思います。私も時どき、アサリや煮干しやコンブなどで出汁を作り、塩または醤油で味付けをし、小麦粉を練って手で小さくちぎって出汁のなかに入れ、冷蔵庫にある野菜などを適当に加えて煮込んで食べます。その際に、私が必ず加える野菜があります。ジャガイモです。私の場合は、ジャガイモがあるから「すいとん」を作るといったほうが正確かもしれません。

韓国では、「すいとん専門店」のほか、カㇽグㇰス店（カㇽ・칼は包丁、グㇰス・국수は麺類を意味し、こねた小麦粉の生地を包丁で細く切った麺を食べさせる店。日本で言えば「手打ちうどん屋」）や、キムバプ（韓国海苔巻き）のチェーン店などでも提供しています。スープは煮干しやコンブ、アサリなど貝類の出汁が一般的です。もちろん店によって出汁などに特色を持たせているところもあります。いずれにしても、韓国人には好まれる韓国料理の一つになっています。

韓国と日本の「すいとん」は、だいたい同じものと言いましたが、やはり日本との違いもありますから、それについて、少し紹介しておきます。

まず、小麦粉の生地ですが、韓国では、手で薄く引きちぎるようにしてスープに入れます。

そして、汁物料理ですから、箸ではなくスプーンで食べるのが一般的です。また、お店で食べる時には卓上にコショウや塩、その他の調味料（양념장・ヤンニョㇺチャン／薬念醬）が置かれていますから、自分好みの味にします。また、注文した料理の他に必ず数品、おかずやキムチが付いてきますので、それらを入れて食べてもかまいません。

家で作る場合は、出汁を取る材料で味わいが違ってきます。貝類、肉類、煮干し、コンブ類がそれぞれ出汁の柱になる場合もありますし、いくつかを組み合わせて出汁を作る時もあります。そのほか野菜だけ、コンブだけでも作りますが、味付けは醬油か塩が基本です。生地も小麦粉ではなく、そば粉を使うこともあります。最後にきざみ海苔を乗せると一段とおいしくなります。

「すいとん」は、気取って食べる料理ではなく、大変庶民的な食べ物で、お店で食べても七百~千円程度です。簡単な料理といえば、確かに簡単な料理です。それだけに商売として顧客に気に入ってもらうためには、それなりの創意工夫が求められていると思います。

たとえば、「すいとん専門店」と区別化するために生まれたのだと私は見ているのですが、カㇽグㇰス店（手打ちうどん屋）で「すいとん」を提供する際には、「すいとん」と「手打ちうどん」を一つの容器に入れて提供する「칼제비」（カㇽジェビ）があります。「칼국수」（カㇽグㇰス／手打ちうどん）と「수제비」（スジェビ／すいとん）の「칼」（カㇽ）と「제

カルジェビ

비」（ジェビ）の合成語です。「手打ちうどん」と「すいとん」の二種類が一緒に食べられるということからでしょう、韓国人には人気があります。

また、辛いものを好む韓国人が多いことから、本来「すいとん」には辛味は付けないのですが、あえて辛味を求める人たちのためにと出現したのが「얼큰수제비」（オルクンスジェビ／辛味すいとん）です。「オルクン」とは「辛い」という意味で、辛いすいとんを食べさせる専門店もあります。この辛味を出すのは、たいていキムチや赤トウガラシ粉、コチュジャンですから、韓国人に人気があるのも頷《うなず》けます。

また、近年の健康志向から、すりつぶ

オルクンスジェビ（辛みすいとん）

したエゴマをスープに使った「すいとん」が「トゥルケスジェビ」です。「トゥルケ」（들깨）とは「エゴマ」のことで、エゴマ粉がたっぷり入ったスープはいかにも健康によさそうです。

さらに、「すいとん」は鍋料理の具材や追加メニューとしても使われます。日本でも鍋料理の締めにうどんやご飯を加えて食べますが、それとまったく同じように、韓国では「すいとん」が使われます。

このように韓国の「すいとん」を見ますと、韓国人の食生活のなかにしっかりと根付いていることがわかります。出汁が決め手とはいえ、おいしければなんでもありの観がありますし、食材にも難しい決まりがあるわけではありません。

この手軽さが韓国人の普段着の食生活に定着した大きな理由だと思います。日本では、一部の地方を除いて「すいとん」が忘れ去られてしまっているようです。でも、手軽で滋養たっぷりの料理は、なかなか捨てがたいですから、日本で「すいとん」が見直される日が来ることを願わずにいられません。

8. 日本では珍しい果物いくつか

日常の買い物は、日本ならスーパーマーケットや小売店、韓国ならスーパーマーケットや市場へ行く人が多いでしょう。そこには色とりどりの果物が並んでいて華《はな》やかな感じがします。果物の種類や豊富さは両国ともあまり変わりませんが、韓国のほうが少し安めでしょうか。ただ、私が時どき食べたいと思いながらも、日本では店頭に並ぶことが少ない果物がいくつかあります。それらは韓国独特の果物ではなく、日本にもあるのですが、需要と供給の関係から日本では、次第に売り場から消えてしまったのでしょう。

でも、韓国では、今も季節を感じさせてくれる果物として食べられています。そのいくつかを紹介します。

● 「석류」（ソンニュ）

日本の「ザクロ」です。漢字では「石榴、柘榴」と表記します。

ソンニュ（ザクロ）

日本では、庭木として植えられているのを時どき見かけますが、ほとんど観賞用のようです。六月頃に朱色の花が咲き、十月前後に丸い実をつけ、実が熟すと外側の赤い硬い皮が割れて、そのなかに赤いつぶつぶの実がたくさん詰まっていて、これを食べます。甘酸っぱく、ビタミンCが豊富で、更年期障害の予防にも効果があると言われ、韓国では女性に好まれる果物です。

日本では、ザクロの実が店頭に並ぶことはほとんどありませんが、最近は韓国からザクロの酢が輸入されてスーパーマーケットに出回っています。その意味では、日本でも生のザクロではありませんが加工食品として利用されています。

ヂャドゥ(スモモ)

●「자두」(ヂャドゥ)

日本の「スモモ」です。漢字では「李」と表記します。

日本では「スモモも桃も桃のうち」と言葉遊びで言われているようですが、桃とは違う種類で、四月頃に白い花が咲きます。実は初夏に赤くなり、小さなリンゴといった感じで、七、八月頃が食べ時です。果肉は赤色や黄色で、桃に比べると酸味が強いのですが、熟すとかなり甘くなり、果汁も多く、夏の果物として韓国では人気があります。

日本であまり食べる機会がない果物を紹介していますが、そのなかでは比較的店頭に出回ることが多いようです。また、アメリカで品種改良されて日本に入り、

サルグ（アンズ）

「ソルダム」という商品名でマーケットなどに出ていることもあります。

私が幼い頃から食べていたのは、赤くなり始めた緑色のスモモで、その季節になりますと、今でも韓国のスモモが無性に恋しくなることがあります。

●「살구」（サルグ）

日本の「アンズ」です。漢字では「杏」と表記します。英語名の「アプリコット（apricot）」として、親しみを覚える人もいるかもしれません。

三、四月頃に梅のような花が桜より早く咲きます。六、七月頃に梅のような果実が橙色になります。比較的寒い地域で育ちます。ミカンより小ぶりで、甘酸っぱさが懐かしく感じられる果物です。

マーケットなどに並ぶのは初夏の六、七月頃で、暑さを少し感じ始めた時に食べますから爽快感が口に広がります。韓国では、生のアンズを食べるほか、日本と同じようにジャムにしたり、乾燥果物にしたりして食べます。

日本のマーケットでもアンズを甘い汁に漬け込んだものが出ていることがあり、私はつい買ってしまいます。生の新鮮さは味わえませんが、酸っぱさも残っていて、懐かしさを感じます。日本では、あまり馴染みのない果物ですが、「杏仁豆腐《あんにんどうふ》」といえば身近な食べ物と思う日本の方は多いのではないでしょうか。本来は薬膳料理の一種で、中華料理のデザートとしてよく食べられています。

「杏仁」とは「アンズの種」の意味で、喘息《ぜんそく》や咳の治療薬になります。「杏仁豆腐」はアンズの種を細かくすりつぶし、搾り取った白い汁を甘くして寒天などで固めたものです。もっともこの食べ物はアンズの実そのものではありませんが。

●「모과」（モグァ）

日本の「カリン」です。漢字では「花梨」と表記します。十、十一月頃に実が茶黄色《ちゃきいろ》に色づき、楕円形《だえんけい》のナシといった感じですが、果肉は硬く、酸味が強いため、そのままでは食べられません。韓国では、甘い砂糖漬けにして「カリン茶」として飲みます。ユズ茶に似ています。また、熟したカリンはとても甘く芳《かぐわ》しい香りがしますから、韓国では、車のなかや玄

ポン（桑の実）

関に置いている人が多くいます。

●「뽕」（ポン）

日本の「桑の実」です。養蚕《ようさん》に欠かせない桑の葉ですが、春に花が咲き、実を付け始め、実が熟し赤黒くなる六、七月頃に食べられるようになります。熟すまでは酸味が強いので、十分に赤黒くなってから食べます。実はブラックベリーと似ていて、小さな粒が集まって一つの実を形作っています。私はこの桑の実が大好きでしたが、日本のスーパーマーケットに出回ることはまずありませんから、本当に残念です。

韓国では、冷凍して売られていますし、ジャムなどにもなっています。

●「산딸기」（サンタルギ）

日本の「野イチゴ」です。赤色で大きさは普通のイチゴより小さく、表面には小さな粒がたくさん付いています。「イチゴ」という名前ですがまったく異なる種類です。

私が子どもの頃は、六、七月になると、道ばたでこの野イチゴを売っているおばさんたちがいたものでした。また外遊びをしている時に野イチゴを見つけて、自分でとって食べたもので、甘酸っぱくて、これを口にすると、もっと元気になったような気がしたものでした。

今でも季節になると、韓国では市場やマーケットに並びますが、かなり高価な果物になっています。理由は簡単で、収穫する人が減り、品薄になっているからです。そのため、私にはとても懐かしい果物ですが、たとえ韓国にいても、食べるのをためらってしまうと思います。韓国でもジャムなどの加工食品として定着してきていますから、やがてとれたての野イチゴは口にできなくなる日が来るのではないかと心配になっています。

●「참외」（チャメ）

日本でいう「マクワウリ」のことです。

かつては日本でも「マクワウリ」は初夏に出回る庶民の果物としてよく食べられていたとお年寄りから聞いたことがあります。それがいつの頃からか、日本ではすっかり姿を消してしまい、忘れ去られてしまっています。

ところが韓国では、「チャメ」は初夏の代表的な果物として今でも大変人気があります。

チャメ（マクワウリ）

韓国通の日本の方でしたら名前だけでなく、何度も食べていらっしゃると思います。また、最近では、日本の韓国食品専門店で季節になると売られていますので、私は見かけると必ず買って帰ります。

「チャメ」は楕円形《だえんけい》で皮は黄色です。外側の皮は硬いのでむきますが、種はそのまま食べる人と取り除く人に分かれます。実はリンゴのサクッとした感じより少し硬めで、味は甘味を薄くしたメロンのようです。なお、韓国のチャメの産地としてよく知られているのが慶尚北道《けいしょうほくどう》（경상북도・キョンサンプクド）の星州（성주・ソンジュ）郡です。星州地域が日照時間、寒暖差などでチャメ栽培に適しているからで、韓国のチャメ総生産量の七

割ほどを占めています。

聞くところでは最近、日本に住む韓国人が日本でチャメの栽培に取り組んでいるとのことで、日本のマーケットにも六、七月頃にはチャメが並ぶ日が来るかもしれません。

以上、紹介した果物が日本ではあまり食べられなくなった理由として、冒頭で需要と供給の関係と書きましたが、気がかりなことがあります。それは果物だけでなく作物全般に言えることですが、地球の気候温暖化が果物や作物の生育に大きな影響を及ぼし、生育不全に至って供給不能となる事態が起き始めていることです。

韓国では、ミカンは韓国のいちばん南端の島・済州島（제주도・チェジュド）でしか栽培できませんでしたが、現在では、韓国本土の南部地域の慶尚道《けいしょうどう》（경상도・キョンサンド）の東海岸と全羅道《ぜんらどう》（전라도・チョルラド）の西海岸でも栽培できるようになってきています。

この事実を単純に喜んでばかりいられないことは言うまでもありません。地球の温暖化による変異です。それを招いているのは人間です。私たちは、地球温暖化を抑制することにもっと真剣に取り組まなければならない時に来ています。そうでないと、ここで紹介した果物も含めて、韓国でやがて食べられなくなってしまう可能性を否定できません。

第四章

食の韓日比較

1. 韓日食事マナーの違い①
―立て膝座りで食事

韓国へ旅行に出かけて食事をした時や韓国ドラマの食事風景で、女性の多くが立て膝座り（片方の膝を立てて座る）で食事をしている姿を見たことがあると思います。こうした場面を目にするには条件があって、椅子に座って食事をする時にはありえません。例外はあるでしょうが、伝統的なチマチョゴリ（치마저고리／韓服）や丈の長いスカートなど、素足があまり見えない服を身につけている時です。

いずれにしても、こうした立て膝座りで食事をする姿は日本ならとんでもない食べ方になり、人格さえ疑われてしまうかもしれません。

ところが、「所変われば……」ということで、礼儀作法も韓国と日本では大きく違っている点がいくつかあり、その一つがこの立て膝座りでの食事です。

食事という点だけに限っても、韓国では、食べる時の主な道具はスプーンなのに、日本では箸です。韓国では、茶碗は持ちませんが、日本では、持ちます。韓国では、食べかけのご

立て膝座り

飯を汁物に入れて食べても少しもおかしくありませんが、日本では、猫飯といって嫌われます。このように毎回の食事でさえ、来日した当初はカルチャーショックの連続でした。

現在、日本でも韓国文化がかなり知られるようになりましたが、知られる以前は女性が立て膝座りで食事をしている姿を見た時は、顔をしかめたに違いないことは想像に難くありません。この立て膝座りでの食事は、日本では考えられない食事スタイルですが、韓国では、まったく捉え方が違っています。

この立て膝座りでの食事は、礼儀にかなっていて、女性が食事中に片膝を立てることは無礼でないばかりか、女性のたしなみの一つになっています。

それでは、なぜ韓国では女性が立て膝で座るのでしょうか。よく言われているのは、チマチョゴリの美しさをよりはっきり見せるためには片膝を立てて、ふわっと座ったほうがいいというものです。もちろん美しさを見せる以前に、チマチョゴリは座るのに楽だという理由もあります。

また、日本のように部屋に畳が敷かれることはなく、クッションの役目を果たす床構造になっていないから、とも言われています。さらに、この床構造に関連しますが、韓国では、冬は日本より格段に寒く、現在、日本の住宅にも取り入れられ始めている床暖房が当たり前になっています。この韓国式床暖房の「オンドル」（온돌）には、立て膝でふわっと座ると足まわりが暖かいという理由もあります。

この立て膝座りは、男性でも礼儀にかなった座り方とされています。男性にはもう一つ、胡座《あぐら》があります。

では、日本の礼儀にかなった座り方とされる正座は韓国にはないのかと言えば、あります。ただし、日常的にこの座り方はしません。正座をする時は、日本と違った意味合いがあるからです。また、日本で胡座は楽な座り方とされ、一般的には「きちんとした座り方」とは見られない傾向があります。

このように、礼儀にかなった正式な座り方となりますと、韓国と日本ではまったく受け止め方が違っていることがわかります。

朝鮮時代の支配階級は「양반」（ヤンバン・両班）と呼ばれていましたが、当時は、身分の違いで座り方が違っていました。現在でも、男女で座り方に違いがあることはすでに述べたとおりです。つまり、座り方の違いは、その人の社会的な地位を表していました。

「胡座」は「양반다리」（ヤンバンダリ・両班足）と呼ばれるように、支配階級の男性たちの正式な座り方で、「両班」（ヤンバン）という支配階級は消滅しましたが、座り方だけは存続しているというわけです。ちなみに、胡座は「책상다리」（チェクサンダリ／机座り）ともいいます。

そして、「立て膝座り」（무릎을 세우고 앉다・ムルプㇽ セウゴ アンタ）は、支配階級の女性たちの正式な座り方でした。言い方を変えますと、支配階級だからこそ、立て膝座りができたということです。

日本で正式な座り方とされている「正座」（정좌・チョンジュア）は、韓国では、身分の低い者が自分よりも上の階級の人に対する時の座り方でした。つまり、支配階級の人間には縁のない座り方でした。現在でも、葬式や結婚式など、かしこまって挨拶をする時の最も丁寧な座り方であると同時に、叱責《しっせき》される時や陳謝する時など、正座する側に精神的に負の要

因がある時の座り方で、この座り方をする機会は少ないでしょう。

ところで、二〇二〇年のNHKの大河ドラマ『麒麟《きりん》がくる』に登場する女性が立て膝座りをしていたことから、ネット上に韓国のドラマならわかるけれど、日本で立て膝はおかしいという書き込みがかなりありました。

確かに、日本の伝統的な正しい座り方は「正座」と思っている人は多いようです。

歴史的には、「正座」は奈良時代に中国から入ってきました。でも、この座り方は普及しなかったようで、時代や身分、着ている服装や座る場所（床）によって、胡座、立て膝、横座りなどをしていて、どれでもよかったようです。

つまり、基本的には、韓国と同じ座り方をしていたのです。そして、正座は神前、仏前での儀式的な時に、また家臣が主君に相対してかしこまる時の座り方だったようで、これも韓国とほぼ同じだったのです。

ですから、『麒麟がくる』で女性が立て膝座りをしていたのは、歴史的事実を正確に反映していたことになるのです。

日本で正座が取り入れられたのは、江戸時代の一六〇〇年代後期から一七〇〇年代前期頃のようで、わずか三百年余に過ぎません。そして、日本で「正座」が正しい座り方となったのは、明治維新以後の明治政府が教育の一環として、教科書に掲載し、推奨、普及させてか

女性の座り方の一つ

らのようです。

日本の「正座」は日本人としてのあるべき座り方として、政府主導で定着させていったのと同時に、江戸時代まで庶民には無縁だった高級品の畳が明治時代になって普及したこととも関係していました。それは、韓国で畳がなかったためた「正座」が普及しなかったことを考えれば、およそ推測できます。

このように、生活様式や服装の違いが座り方にも大きく関係していたことがわかります。現在、日本では「正座」の苦手な若者が増えてきているようです。住宅の造りで和室（畳敷きの部屋）がない場合も珍しくなくなってきていて、正座をする機会が減っています。一日の多くの時間を椅子に座る生活スタイルになって、「正座」は遠ざかってしまったのです。

一方、韓国でも椅子やソファの生活スタイルが家庭のなかに入り込んできています。当然、床にじかに座る機会が減っています。

まさかとは思うのですが、韓日両国とも「二〇二〇年頃は変な座り方をしていたものだ」と後世の人から言われないという保証はないかもしれません。

2. 韓日食事マナーの違い②
——韓国の食事、日本の食事

韓国、日本、中国はともに米を主食とする民族です。そのため、自然界との接し方や、生きるための「食べる」という行為に対する考え方も共通している点が多いようです。

その一つが「薬食同源」です。日本では「医食同源」と呼ばれています。

最初は中国から韓国、日本にそれぞれ伝えられました。中国の「中医学」（漢方医学）を基本とする韓国の漢方医学「한방」（ハンバン・韓方）は、韓国人にとって身近な存在で、韓国では、韓方医院をよく見かけます。日本でも視聴率が高かったテレビドラマ『宮廷女官チャングムの誓い』の主人公チャングムが「料理人」から、最後は「韓方」の女医として活躍しますが、これなども韓国では、「韓方」が生活に結び付いている証だと思います。

この「薬食同源」に関わりますが、「五味、五色、五法」という考え方があります。

食材を五つの味、五つの色、五つの調理法の組み合わせで食べると、健康で元気に生きていけるというものです。この考え方は、中国の陰陽《いんよう》五行《ごぎょう》思想に基づいたものです。簡単に言えば、陰陽思想では、自然界のすべての事象を陰と陽に分けます。たとえば、一つの事象はそれだけで存在するのでなく、太陽と月、天と地、偶数と奇数、男と女というように、〝一対になって互いに関連し合っている〟という考え方です。また、五行思想は、「木・火・土・金・水」という五つの要素から成り立っていて、それぞれの要素が互いに影響し合うと考えられています。

たとえば、季節は「春・夏・土用・秋・冬」の「五時」、人間の内臓は「肝・心・脾《ひ》・肺・腎《じん》」の「五臓《ごぞう》」、人間の感覚は「目・耳・鼻・口・皮膚」の「五感」といったように、「五行」に当てはめて考えるものです。

ですから、「五味、五色、五法」も次のように、それぞれ五つに分けられています。

・五味↓甘い・酸っぱい・辛い・苦い・塩辛い
・五色↓青・赤・黄・白・黒
・五法↓生・煮る・焼く・揚げる・蒸す

これらを組み合わせることで、彩り、味、栄養面でバランスのよい、健康で元気の元になる料理ができると考えられ、実践されてきました。

ただ、五色については食材にもよるため、韓・日・中が同じというわけではなく、たとえば、韓国で「赤」といえば、やはり赤トウガラシになります。そして、日本の食事にすっかり溶け込んでいるハクサイキムチは、これ一つで五味、五色を満たしている食品と言われています。「緑」→ハクサイの緑葉、「赤」→トウガラシ、「黄」→ハクサイの黄葉、ショウガ、「白」→ハクサイの茎、ニンニク、「黒」→イカ、イシモチ、イワシなどの塩辛や薬味類。味は漬け込む材料や分量に応じて微妙に異なってきます。

ペチュキムチ（ハクサイキムチ）

また、鶏の内臓を取り出して、そこに高麗ニンジンともち米、干しナツメ、ク

ビビンバプ（ビビンバ）

リ、松の実、ニンニクなどを詰めてじっくり煮込んだ「参鶏湯」（삼계탕・サムゲタン）は、韓国料理を代表する「薬食同源」にかなった薬膳料理です。最近は温めてすぐ食べられる袋詰商品として、日本のマーケットでも時どき見かけるようになりました。

　多くの人がこの「五味、五色、五法」をいつも気にしているわけではないでしょうが、健康で元気な毎日を過ごそうとすれば、おのずとそうした食べ物を口にすることになります。たとえば、日本でも知られている韓国の「ビビンバ」は、ご飯の上にゴマ油と塩などで和《あ》えた豆モヤシやホウレンソウなどのナムル、それに玉子や肉、海苔を載せて、コチュジャンやキムチなどと混ぜ合わせて食べます。

ごちゃ混ぜ丼といった感じで、決して見栄《みば》えはよくありませんが、たった一つの器で、ほぼ五味、五色を満たすわけですから、なかなかの優れものだと私は思っています。

日本にも「五目ご飯」「五目寿司」「五目そば」「五目チャーハン」など、多くの食材が使われていることを意味する「五目」という言葉が入った料理を食べるのも、同じように五味、五色の考え方が食生活に根付いているからでしょう。

このように食に関する共通した考え方を持っているのですが、料理の出し方や食べ方となりますと、韓国と日本ではかなり大きな違いがあります。おそらく両国が食に対する独自の歴史の積み重ねをしてきたからだと私は思っています。

私の経験的な捉え方に過ぎませんが、たとえば、「ちゃんとした和食を食べに行く」と誘われた時には、ちょっと落ち着かなくなります。出てくる料理は彩《いろど》り鮮やかに一品ずつで、料理を盛り付けている器はその料理にマッチして美しく、一品の料理の分量は少なめで、料理が出てくるのに間があって、大きな声でおしゃべりできない雰囲気があるからです。

ただ、「和食」は、食べることを通して自然の美しさや季節の移り変わりを感じることができます。そのため、さまざまな器がたくさん使われ、料理の盛り付けにはクマザサや紅葉、そのほか彩り鮮やかな季節の花や植物などが添えられていることもあります。

ハンジョンシク（韓定食）

「和食」には、単に食べるだけではなく、美しさを感じ、季節を感じる工夫がされていて、まさに「目で食べる」と言われているのがよくわかります。

一方、韓国にも日常の食事とかけ離れた「韓定食」（한정식・ハンジョンシク）という豪華な宮廷料理があります。かつては宮廷の料理として、庶民には縁のなかったものですが、一つの食文化として受け継がれてきています。

私も何度も食べたことがありますが、「和食」と大きく違う点は、〝少しずつ〟ではなく、〝どーん〟と料理が並ぶことです。「和食」には、空間の美が求められているように思います。

でも、韓国料理は空間があってはいけないのです。ですから、「韓定食」では、席に着くと、テーブル全部をふさぐように料理が並びます。一品ずつ料理が運ばれてくるということはありません。まさに思う存分、遠慮しないで食べられるだけ食べる様式と言えます。

こうした伝統があるからでしょうか、韓国の庶民的な食堂に入ると、注文していないのに、キムチやナムルなど、いくつものおかず（반찬・パンチャン）があっという間にテーブルに並び、それだけで注文した料理はどこに置くのだろうと心配になるほどです。しかも、これらのおかずは代金に含まれません。

ここには、韓国式「食のおもてなし」の考え方があります。できるだけたくさんの料理を食べてもらおうというもので、日本の「和食」が求める「空間の美」といったものはなく、空間があるのは礼を欠いていると考えます。

〝どーん〟とおかずを並べ、茶碗には山盛りご飯を盛り付ける、おなかいっぱい食べてもらう、これが韓国式なのです。時どき、私も日本に住む韓国人のお宅で食事をいただくと、いくつものお皿にこぼれるように料理が盛られ、いつもその量の多さに驚いてしまい、我ながらすっかり日本的な食事の盛り付けに慣れてしまっていることに気付かされます。でも、これが庶民レベルの韓国式「おもてなし」なのです。

では、ごく普通の韓国の家庭での食事はどうかと言いますと、冒頭で述べましたように、

ミッパンチャン（おかず）

米が主食です。炊き方も日本と同じです。ただ、白米だけでなく、玄米や麦、大豆などの雑穀を入れて食べることもあります（日本もそうですが、かつては貧しかったためでしたが、現在では健康のためにに）。さらに、これも日本と同じですが、あずきやクリ、銀杏《ぎんなん》などが入ったご飯を食べることも珍しくありません。

たとえば、朝食ですと、ご飯と「テンジャンチゲ」（된장찌개／味噌鍋）と呼ばれる、日本の味噌汁によく似た汁物のほか、冷蔵庫に入れて作り置いた常備の「おかず」（밑반찬・ミッパンチャン）、たとえば、日本で言えば漬け物、佃煮、煮物、和え物、炒め物、それに海苔などで食べます。ちなみに、日本の食事には

「一汁三菜」という言葉があります。それはご飯と汁物に三種類のおかず（主菜と副菜二品）を指します。

このように一般の韓国の家庭の食事は日本と非常によく似ていて、「和食」の特色、「韓定食」の特色は、むしろ薄いと言えるでしょう。でも、「五味、五色、五法」は韓日両国とも目配りされていますので、おのずと健康的な食生活になっています。

しかし、最近の韓国、そして、日本でも朝食は牛乳やジュースだけ、あるいは朝食抜きという勧め人や学生が増えているのは、健康を考えると心配になります。伝統的で素晴らしい「五味、五色、五法」に基づいたおかずで朝食をしっかり食べて、その日一日を始めたいものです。

3. チゲ鍋？

寒い季節になりますと、日本のスーパーマーケットなどで目立って多くなるのが、容器からそのまま移し替えて、すぐ使える鍋料理用スープです。その種類もなかなか豊富で、和風の鍋用つゆに混じって目につくのが韓国風の鍋用スープです。

肉、魚介類、野菜などさまざまな食材の入った一つの鍋を囲んで、家族や友人たちと食べるのは、栄養たっぷりの食事というだけでなく、精神的にもリラックスできて楽しく、豊かな時間を持つことができます。その意味で、私は日本の寒い季節は大歓迎です。

ただ、韓国では、鍋料理は決して寒い時期の定番料理というわけではありません。四季折々、どの時期でも鍋料理を食べます。真夏の暑気払いとして、熱々の鍋料理が好んで食べられています。

韓国人はおしなべて食事の時に汁物がないと物足りなく感じます。韓国では、食事と汁物は密接に結び付いていて、日本の味噌汁の感覚とはかなり違っているように思います。日本

クッㇰの一つ、ワカメスープ

の味噌汁はあくまでも「味噌によって作られる汁」ですが、韓国の汁物はむしろ主食に次ぐ、準主役と言っていいでしょう。ですから、韓国の汁物料理は実にたくさんあります。

　韓国のつゆを使った汁物料理は大きく分けると、「국」（クッㇰ）と「탕」（タン）、そして「찌개」（チゲ）と「전골」（チョンゴㇽ）の四種類になります。

「クッㇰ」は、「국물」（クンムㇽ／つゆそのものの意）が短縮された言葉で、一般的にはつゆに野菜や海藻などが少しだけ入っています。味付けは醤油、塩、味噌、赤トウガラシ粉などで、日本の味噌汁のように一人ずつ汁物用カップや碗によそいます。外食では、定食用に付いて

いる汁物となることが多く、店のメニューの一種類としてあるのは、むしろ珍しいでしょう。
「タン」は、中国語の「湯」（Tang・タン）からきたもので、中国語では、つゆそのものを指します。韓国での「タン」は、動物性の食材を使うのが比較的多く、肉や骨をじっくり煮込んだつゆがベースになり、そのなかに野菜などの食材を入れて軽く煮て食べます。半透明や白濁のつゆ、あるいは辛いつゆなどがあります。

ただ、まったく同じ料理でも「곰국」（コㇺクック）と言ったり、「곰탕」（コㇺタン）と言たりしますので、「クック」と「タン」にあまり明確な区別をつけずに〝つゆ〟の意味で使っています。実は私自身もそうです。

「チゲ」は「クック」や「タン」とは明らかに違います。それは鍋料理だということです。しかも一人用の小さな土鍋（뚝배기・トゥクペギ）に材料を入れ、ぐつぐつ煮込んで、とても熱くした汁物料理です。「クック」や「タン」に比べてつゆが少なく、具材が多いのが特徴です。

鍋料理の「전골・チョンゴㇽ」は日本の鍋料理に似ています。大きめのカセットコンロを卓上に置いて鍋を乗せ、具材を入れて調理しながら食べます。日本の「寄せ鍋」風ですから、「チョンゴㇽ」こそ、日本の見慣れた鍋料理となるのではないでしょうか。

韓国で「チゲ」と呼ばれるものの特徴はすでに述べましたが、まずはどのような種類があ

キムチチゲ

るのか思いつくまま挙げてみましょう。

●「キムチチゲ」（김치찌개）

家庭でも、食堂でも韓国料理のなかで、最もポピュラーで簡単に作れる鍋料理です。古漬けキムチ（発酵して酸味が強い）と豆腐、ネギ、ニンニク、豚肉などを一緒に入れて煮込みます。調味料は塩が少々で、後はキムチと具材のうまみが味の決め手となります。

●「テンジャンチゲ」（된장찌개）

テンジャン（粗くつぶした韓国味噌）をベースにしたチゲです。韓国風味噌汁と言っていいかもしれません。味噌をぐつぐつ煮込んでいますから、日本の味噌汁より濃厚です。牛肉、貝類、煮干し

テンジャンチゲ(韓国風味噌汁)

などでとった出汁《だし》に野菜（ズッキーニ、ジャガイモ、タマネギ、キノコ類、ネギ、トウガラシ、ニンニクなど）や豆腐を入れます。これもポピュラーな家庭鍋料理の一つです。

● **「スンドゥブチゲ」（순두부찌개）**

柔らかい豆腐（日本の絹ごし豆腐のような感じ）がたっぷり入った、辛い鍋と言えば、なんとなくイメージが湧くのではないでしょうか。最近は日本でも、この「スンドゥブ」（純豆腐）を売りにしているお店を見かけます。アサリやカキなどの魚介類や野菜（ズッキーニ、タマネギ、キノコ類、ネギ、ニンニクなど）と赤トウガラシ粉を一緒に煮込みますから、かなり辛いのですが、最後に玉子を

プデチゲ(部隊鍋)

割り入れますので、辛さがまろやかになります。

●「プデチゲ」(부대찌개)

プデチゲを漢字で表記すると「部隊」(プデ)「鍋」(チゲ)となります。朝鮮戦争(本書四一頁三行目参照)後、物資や食べ物が不足している時に米軍から放出された肉やハム、ソーセージをキムチと一緒に煮込んで鍋料理としたことから、「部隊鍋」(부대찌개・プデチゲ)と呼ばれるようになりました。キムチたっぷり、野菜(タマネギ、豆モヤシ、ネギ、ニンニクなど)、餅、さらには餃子、インスタントラーメンなどを一緒に入れて煮込む、辛めの鍋料理です。どちらかというと若者向きでしょうか。私自身、今はあ

チョングッックチャン

まり食べなくなりました。

● 「チョングッックチャン」（청국장）

清麹醤（チョングッックチャン）は、大豆を発酵させた味噌の一種。味噌というより日本の納豆に近く、納豆と同じようにねばねばして、同じようなにおいがあります。この味噌を材料にしたチゲには、なぜか「チゲ」の呼称が付かず、そのまま「チョングッックチャン」と言います。

日本の納豆汁をもっと濃厚にした味わいがあり、私は干しタラや豚肉（三枚肉か前脚肉、あるいは肩肉）などでとった出汁にキムチと豆腐、野菜（タマネギ、キノコ類、ネギ、ニンニクなど）がたっぷり入った熱々のこの鍋料理が大好きです。

まだほかにもチゲはあるはずです。何しろ鍋料理ですから、具材として何を入れてもたいていはおいしい味になりますので、その具材の名を冠して「〇〇チゲ」と言えばよいのですから。

さてそこで、私が日ごろから気になっている日本での「チゲ鍋」という名称についてです。もうずいぶん前になりますが、季節的には初冬の頃、居酒屋の店頭に「チゲ鍋始めました」というビラが貼られたり、スーパーマーケットには「チゲ鍋の材料にいかがですか」と出ていたりして、とても奇異に感じたことがありました。

もうおわかりだと思います。「チゲ」とは「鍋」のことです。ですから、「チゲ鍋」とすると、「鍋鍋」と言っていることになるのです。

もっとも最近では、「チゲ鍋」という言い方を耳にした当時の私の強い違和感は薄れてしまっています。それよりも日本で韓国のチゲ料理が受け入れられ、食生活に溶け込んでいることを嬉しく思っています。

4. 韓国のキムチ、日本のキムチ

日本の方に韓国の代表的な食品は何か、と質問すれば「キムチ」という回答がかなり多くなるでしょう。確かに、韓国の日常的な食事でキムチは欠かせない食品になっていますし、私などは家にキムチがないと、なんとなく不安な気持ちになるほどです。

韓国人がなぜこれほどキムチを好むのか、それなりに理由はあると思います。ただ、朝鮮民族とキムチとの関わりは決して長くはなく、大雑把にいって二百年ほどです。

十三世紀初頭の文学的な文献によりますと、野菜を塩漬けにして冬に備えるといった詩句が残されています。古くから韓国にも保存食として野菜の塩漬けがあったことがわかります。けれど、ここに記された食品は、おそらく日本にもあった野菜の塩漬けで、キムチとは異なるものでしょう。ただ、韓国語には「野菜の漬け物」を「沈菜」（침채・チㇺチェ）と言うことから、「キムチ」という言葉はここから生まれたという説もありますが、確かではありません。

いずれにしても、キムチは、ハクサイ（배추・ペチュ）に赤トウガラシ粉や塩辛を漬け込んで発酵させたものですから、それとは、かなりかけ離れていたようです。

朝鮮半島にトウガラシ（고추・コチュ）が伝来したのは十六世紀末頃ですし、ハクサイが中国から伝えられたのは十八世紀になってからです。この二つが揃わなければハクサイのキムチは誕生しなかったわけです。しかも、ハクサイがすぐさまキムチにつながったわけではなく、ナス（가지・カジ）やダイコン（무・ム）、キュウリ（오이・オイ）などが塩漬けの主な材料として使われていました。一説には、当時のハクサイの葉は外開きで、しまりがなかったために使われなかったとも言われていて、私たちが見慣れている丸く結球したハクサイの登場で、ようやくキムチと結び付くようになりました。

このように、今では韓国の伝統的な食品と見られているキムチの誕生はそれほど古くはなく、その歴史はむしろ新しいと言えます。これと似ているのが日本の伝統的な食べ物である「寿司」にも当てはまります。

「寿司」が中国から日本に伝えられたのは奈良時代とされていますが、当時は魚介類を塩と米で漬け込んで発酵させた保存食（現在の「なれ寿司」に近い）でした。今や世界中に広く知られるようになった「握り寿司」は、江戸時代の文化・文政年間（一八〇四～一八三〇年）に現れたもので、やはり二百年ほど前でしかありません。また、「寿司」という漢字が

ペチュキムチ(ハクサイキムチ)

使われ始めたのも江戸時代でした。

　長く古い歴史を持つと思われている食品が、実はそれほど古くないにもかかわらず、民族の伝統的な食品と見られるようになったのは、民族が持つ味覚に対する好みに可能な限り合致させる創意工夫と改良が加え続けられていったからでしょう。これには気候風土も大きく関わります。

　その意味では、韓国のキムナと日本のキムチが違うとよく言われるのは当然でしょう。歴史的には、新しい食品の韓国のキムチ（その代表がハクサイキムチ）ですが、韓国の気候風土、韓国人の味覚、嗜好《しこう》に合わせる創意工夫が加えられてきました。

一方、日本では、一九八〇年代に入る頃まで、韓国の本格的なキムチはその辛さやニンニク、魚介類の発酵臭《はっこうしゅう》が日本の人びとの味覚、嗜好に合いませんでした。そのため、一握りの人たちには好まれ、雑誌などでも紹介されていましたが、多くの家庭の食卓に上るようなことはありませんでした。ですから、キムチという名称は、日本ではあまり浸透することなく、朝鮮の漬け物ということから「朝鮮漬け」と呼ばれていました。

つまり、韓国人の味覚、嗜好に合った韓国的な製法のキムチは日本では敬遠されていたのです。ただ、日本の食生活と野菜の漬け物は切っても切れない深いつながりがあり、「漬け物とご飯があれば、他の物は何もいらない」などという人もいるほどです。

こうして、韓国の漬け物であるキムチを日本人の味覚、嗜好に合わせる日本的な創意工夫が加えられていくようになりました。

では、日本的な創意工夫とはどのようなものだったのでしょうか。

キムチは日本よりはるかに寒い朝鮮半島の冬の時期、野菜不足に備えた大切な保存食でした。古くは、野菜の塩漬けから始まり、香辛料のニンニクやサンショウなどを加えるようになり、やがてトウガラシが朝鮮半島に伝えられて、キムチが誕生するわけです。

トウガラシの強い辛味だけでなく、さらに魚介類の塩辛や塩アミなどが加えられ、それらを発酵させるようになりました。そうすることで野菜をさらに長期保存させることができる

オイキムチ（キュウリキムチ）

わけです。しかも、発酵させますから野菜の甘味、酸味、魚介類の旨味などが混じり合った独特の風味が出てきます。これにニンニク、ショウガ、ネギなども使いますから、当然、この酸味、発酵臭、ニンニクや魚介などの強いにおいを伴うことになります。

この強いにおいということでは、私の母が作ったキムチが韓国から送られてくることがあります。まさに「おふくろの味」で滅多に食べられませんから、私にはとても嬉しく大切な食べ物です。でも、その梱包《こんぽう》は厳重で、キムチにたどりつくにはいくつもの箱を取り出し、開けなければなりません。理由は簡単です。韓国内なら多少、キムチのにおいがしても韓国人には「匂い」であって、「臭い」ではありません。でも、日本では、そのにおいの感じ方が逆転する人がほとんどです。

私の大学に韓国のキムチが大好物の日本人の同僚がいます。母親が送ってくれたキムチをお裾分けするために大学に持参する時は、何よりもこの韓国製キムチのにおいが外に漏れないようにするのに時間が取られてしまいます。

つまり、キムチを作るうえでの日本的な創意工夫とは、〝これがキムチ〟と考えられている韓国のキムチの特徴を可能な限り排除して、それでも韓国のキムチらしく見せ、日本の人びとの味覚、嗜好に合わせることにあったのです。

そこで、韓国と日本のキムチの違いを簡単に整理してみましょう。

〈韓国のキムチ〉

・乳酸発酵させる。強いにおいがある。

・乳酸発酵させるために魚介類を入れる。主な魚介類は次のようなもの。

「까나리액젓」（カナリエックヂョッ／イカナゴ）

「멸치액젓」（ミョルチエックヂョッ／カタクチイワシ）

「갈치액젓」（カルチエックヂョッ／タチウオ）

赤トウガラシを使ったいろいろなキムチ

「새우젓」（セウヂョッ／アミの塩辛）等々

・日本のトウガラシ（鷹の爪）よりひと回り大きく、品種が違うトウガラシ。日本のものより辛味と甘味がある。

・「녹말풀」（ノンマルプル）を入れる。もち米粉、小麦粉などをのり状にしたもの。味の深みと甘味を引き出すために使う。

・ダイコンやハクサイなどは、日本の野菜と見た目は同じだが異なる。韓国のダイコンとハクサイは水分が少なく香ばしい。しかも、硬めで歯応えがある。

〈日本のキムチ〉

・乳酸発酵させない浅漬け製法。におい

が少ない。
・まろやかさとコクを出すために甘味が強い。
・野菜の違いから使う野菜は水分が多く柔らかい。
・味が薄い。

このように整理しますと、日本のキムチは韓国のキムチとはまったく違うことがわかります。日本のそれは、キムチ風調味料を使用したり、添加物で発酵させたような味付けにしたものが多く、発酵、熟成させていませんから、時間が経つと味が落ち、腐ってしまいます。そのため、韓国人が日本のキムチを食べて「何かもの足りない味」と思うのも不思議ではないのです。私は日本製のキムチも食べますが、キムチと思って食べたことはありません。

でも、浅漬けの漬け物として食べるなら、日本のキムチもそれなりにおいしいと思います。日本の人びとの味覚や嗜好に合わせるようにして、日本生まれの日本製キムチが日本の食卓にその席を占めるようになっている現状を、私は大変、嬉しく思っています。

私はその土地で生まれた食べ物は、その土地で食べると格別の味わいがあると思っています。ですから、日本の方が韓国で韓国のキムチを口にすると、きっとおいしいと思われるのではないでしょうか。私が韓国ではなく、日本で江戸前のお寿司をいただくと、実においしく感じるのと同じように。

5. 食べると飲む

日本の方に「〈食べる〉と〈飲む〉、この二つの動作をしてみてください」とお願いすれば、ほとんどの人が間違いなく口をもぐもぐさせる、ものを吸い込む、この二通りの動作をすると思います。つまり「食べる」は口に固形物が入った時で、「飲む」は液体が口に入った時です。

ところが、韓国では、この「食べる」（먹다・モクタ）と「飲む」（마시다・マシダ）は、日本のように単純ではありません。

よく例示されるのが「薬」です。

日本では、「薬」に使われる動詞は「飲む」です。ところが、韓国では、「食べる」が使われます（ただし、液体類は「飲む」です）。日本語で「薬を食べる」などと言ったら笑われてしまいますが、韓国では「薬を食べる」が「薬を飲む」の意味になります。そのため、「약 먹었어?」（ヤン モゴッソ／薬食べた?）が正しい言い方になり、日本語的に「약 마셨

어?」（ヤンマショッソ／薬飲んだ?）とは、液体の薬以外には使いません。

ただし、あえて「食べる」（먹다・モクタ）ではなく、「する」（하다・ハダ）を使う場合があります。通常は使わない表現ですから特別な意味があって、「약을 하다」（ヤグル ハダ／薬をする）と言います。このときの「薬」は麻薬を指します。そう言えば、日本語でも「薬《やく》をやる」などと表現して、麻薬に手を出す意味になりますから、それと同じと言えるでしょう。

ちなみに、中国語でも薬は「飲む」（喝・ホー）ではなく「食べる」（吃・チー）という表現を使い「吃薬」（チーヤオ）と言います。韓国と中国は同じ表現なのです。歴史的には、漢字文化圏に入る韓国ですから「薬を食べる」という表現も中国から伝わってきた可能性があります。

では、英語では薬は「飲む」「食べる」のどちら?

実はどちらも使いません。英語で「薬を飲む」は、"drink"ではなく、"take"を使います。薬は「飲む」ものでも「食べる」ものでもなく、「取り入れる」という発想があるようです。

それではもう一つ、ビールはどうでしょうか。

ここでも日本の方が「あらっ?」と思うことが起きます。日本では、決して「ビールを食べる」とは言いません。ところが、韓国では、「맥주를 먹다」（メッチュルル モクタ／ビー

ルを食べる）と、ごく当たり前に使います。ただし、ビールの場合は薬と違って、日本と同じように「ビールを飲む」（맥주를 마시다・メッチュルル マシダ）と言ってもかまいません。

韓国では、ビールと同じ発想ですが、液体の水、コーラ、酒などもすべて「食べる」（먹다・モクタ）と「飲む」（마시다・マシダ）の併用ができます。日本ではあり得ないことです。

一方、英語は日本と同じように、すべて"drink"です。中国語も同様にすべて「ホー」（飲む）です。

では、スープはどうなるのでしょう。

韓国では、「食べる」と「飲む」のいずれも使います。ただし、どちらでもいいというのではなく、汁やスープだけならば「飲む」（마시다・マシダ）ですが、スープや汁に具も入っていて、具も一緒に食べる場合は「食べる」（먹다・モクタ）と表現します。ただ、具は食べずにスープだけ飲んだ場合は「飲む」と言うのが一般的です。

たとえば、参鶏湯（삼계탕・サムゲタン）の場合は、内臓を取った鶏のおなかにもち米や高麗人参、ナツメ、ニンニク、クリなどを詰め込んで煮込んだ滋養豊かなスープで、通常はこの鶏なども食べますし、スープも一緒に飲みます。そのため、「食べる」という動詞が使われます。韓国語の用法としては当然と言えます。おもしろいのは、日本人の方も参鶏湯だ

けは「飲む」とは言わないで、「食べる」を使っていることです。「湯《タン》」はスープという意味なのですが。

韓国では、汁物、スープ類に使われる動詞は主に「食べる」で、時には「飲む」でも表現できます、と説明するのがわかりやすいかもしれません。これには韓国の食事スタイルが大きく関わっています。日本では、お茶碗やお椀は手に持って食べます。でも、韓国では、食器は基本的に手で持ちません。テーブルに置いたまま、スプーン、時には箸を使って食べます。茶碗などを持って食べるのは無作法と見られ、ご飯もスプーンで取って、口に運びます。汁物も同様です。つまり、その動作から「飲む」より「食べる」と言ったほうがむしろ自然なのです。

私がこのように考えるのは、欧米も韓国と同じく、基本的には食器を手で持って食べたり、食器に直接、口をつけて飲んだりすることはエチケット違反です。そのため、お皿からスープを飲む時には、フォークやスプーンが付いてきて、スプーンですくって飲みます。そして、「スープを飲む」の動詞は"drink"ではなく、"eat"を使い、"eat soup"と表現します。このように「スープを飲む」に「食べる」という動詞が用いられていて、決して韓国だけの特殊な言い方でありませんし、食事のスタイルが関わっていることが窺えます。

この理解を補強すると思えるのが、スープカップのような取っ手が付いた容器の場合です。

この場合には、直接、口をつけて飲みますから、英語でも"drink soup"と表現し、「食べる」"eat"ではなく「飲む」"drink"が使われます。

このように「食べる」と「飲む」を見てきて、日本語の「食べる」と「飲む」は、「固形物」と「液体」の違いで、非常にすっきり分かれていると思いました。ところが、日本の食事に欠かせない一品ともいえる味噌汁になりますと、具もそれなりに入っていますし、地域による違いもあるからなのでしょうか、かなりばらつきがあることを知りました。

『現代日本語方言大辞典』（明治書院、一九九二年）では、味噌汁は日本全国で使われている「飲む」のほかに「食べる」「吸う」「啜《すす》る」とも表現されています。

特に味噌汁を「食べる」としている地域が山口、香川、愛媛など、大阪より西の地域に多く見られるようです。ただ、私の推測にすぎませんが、「味噌汁を食べる」と表現するのは地域限定とは言えず、正確な数はわかりませんが、それなりに多いのではないかと思っています。その理由は、味噌汁は具が多少にかかわらず入りますから、「食べる」という感覚もあって「味噌汁を食べる」と言ってもあまり不自然ではないからです。

その証明になるかもしれませんが、「豚汁を食べる」と言って、あまり違和感を抱かない日本の方は少なくないようです。むしろ「豚汁を飲む」の方が少数派のようです。

そして、このような文章を書いて気が付いたのですが、もし「食べる」、「飲む」どちらを使うのが適当か迷った時、日本語には素晴らしい表現があります。それは「いただく」です。

6. 韓国と日本のコンビニ事情

韓国語でコンビニエンスストアは、「편의점」（ピョニジョム）と言います。漢字では「便宜店」となります。「편의」（ピョニ）が「便宜」で、「점」（ジョム）が「店」です。日本語の「便宜」には〝都合がよい、便利がよい〟、あるいは〝特別な処理、適したやり方〟といった意味がありますから、日本の方にもこうした漢字が使われているのは理解できると思います。ちなみに、中国語では「便利店」（Bianlidian・ビエンリディエン）と言います。

でも、韓国人の私からしますと「あれっ?」と思うのは、日本語にはコンビニエンスストアを漢字で表記する言葉がないことです。あるのかもしれませんが、日常的には使われていません。日本語として使われているコンビニは〝Convenience store〟という英語を外来語として受け入れて、しかも短縮形で使っていて、「コンビニエンスストア」という人はめったにいません。「コンビニエンスストア」といえば英語ですから、英語圏で通じるかもしれません。でも、「コンビニ」は日本で考え出された表現ですから、「漢字表記はないけれど、これが日本語なのだ」と私自身、変な納得をしています。

さて、韓国と日本のコンビニを比べますと、外観はほとんど同じです。また、販売されている商品もよく似ています。ほとんど同じと言っていいでしょう。韓国に行って、ちょっとした食べ物や日用品などの買い物に困ったら、私はコンビニに行くようにと日本の方にはすすめています。なにしろセブン-イレブン、ミニストップなど、日本でもお馴染みのコンビニも多く、勝手がわかっているという安心感があるからです。

韓国には四大コンビニチェーン店があって、その一つが「GS25」（ジエス・イシボ）です。韓国で店舗数がいちばん多いコンビニです。韓国で生まれたコンビニ店で、二〇〇五年に「LG25」から店名を現在のように変えました。

「セブン-イレブン」も韓国でよく見かけるコンビニです。外観、看板も日本とまったく同じですから、日本にいるような錯覚に襲われます。発音もほぼ同じです。

そして、以前は日本の「ファミリーマート」として韓国人に馴染まれていましたが、ファミリーマートが撤退し、韓国独自のコンビニとして出発したのが「CU」です。発音は、韓国語には長音がありませんから「シユ」です。

もう一つのコンビニが、日本のイオングループの「MINISTOP」です。日本から韓国に進出したコンビニ企業はいくつもありましたが、「MINISTOP」は三十年以上前に韓国で営業を始め、現在では、韓国で唯一の日系のコンビニです。発音は、「ミニストップ」です。

韓国と日本のコンビニは外観はほぼ同じと書きましたが、それは建物そのもので、コンビニの入り口周辺は日本のそれとは様子が違います。韓国では、店の前にテーブルと椅子が数セット置かれているのが一般的です。たいていはプラスチック製の簡単なもので、大きな日傘を立てているコンビニもあります。店で食べ物を買って、すぐに食べたい時には大変助かりますし、見知らぬ人との相席を敬遠しがちな日本の方と違って、韓国人はあまり気にしませんから、テーブル、椅子が有効に使えます。

おもしろいのは、日本ではコンビニの前にたむろして食べ（飲み）ながらおしゃべりしているのは、若い人たちが多いのですが、韓国では、こうしたテーブル、椅子を利用するのは若い人たちだけでなく、年配の人も多いことです。そして、夜になると一杯飲み屋気分でお酒を飲んでいる人もそう珍しくありません。

韓国のコンビニでは、店の前だけでなく、店内にも食べられるスペースが以前からありました。日本では、最近になって店内にイートインスペースを設けるコンビニも増えてきました（ミニストップは以前から取り入れていました）が、必ずあるわけではありません。

また、日本では消費税の関係から、コンビニで買った食品を店内で食べれば消費税が一〇％、持ち帰ると八％とややこしいのですが、韓国にはそのような区別はありません。ちなみに、韓国の消費税は日本と同じで一〇％です。そして、内税表記ですから、コンビニやスーパーマーケットで品物に表示されている価格が支払い金額です。日本は外税ですから、品物の値段に税金を加えた金額を支払う必要があります。ついでに言いますと、韓国では、未加工の食料品や農作物、畜産物、水道代金は課税対象になっていません。つまり消費税がかかりません。

韓国のコンビニにも店内で食べられるスペースはありますが、椅子に座って食べられるところは少なく、たいていはスタンド形式ですから、立って食べます。

立って食べるカウンターには電子レンジとお湯が置かれていて、店内で買ったものを温めたり、カップラーメンにお湯を入れて食べたりできます。電子レンジや魔法瓶が置かれているという点は、日本のコンビニも同じですが、店内で食べられない店もあり、韓国のコンビニより不便です。

昼食の時間をあまり取れない忙しい人にとって、韓国のコンビニは短時間で食べられる貴重な〝食堂〟になっているというわけです。

そのほか、韓国と日本のコンビニで少し違うのは、日本のコンビニはアルコール類やタバコを扱っていないところがあります。でも、韓国ではどちらもほぼ扱っています。タバコを扱っていないコンビニもありますが、珍しいかもしれません。ただし、高速道路のサービス

出所：asiastock/©123RF.com　コンビニの陳列棚に置かれた「2＋1」、「1＋1」の商品

エリアにあるコンビニはアルコール類を扱っていません。これは当然でしょう。

また、韓国と日本のコンビニの弁当コーナーで異なる点があります。それは日本では、パックに入った惣菜が多種類置いてありますが、韓国のコンビニにはありません。その代わり、いかにも韓国らしい、小分けされた各種キムチ、豚足、豚の腸にもち米や香味野菜、豚の血を混ぜてソーセージ状にした「スンデ」（순대）、私が時どき食べたくなる餅をコチュジャンベースで甘辛く煮込んだ「トッポキ」（떡볶이）などが置いてあります。これらはおかずというより小腹が空いた時の食べ物と言ってもいいかもしれません。

日本のコンビニやスーパーマーケットでまず見かけないのが、商品の近くか、商品そのものに「2＋1」や「1＋1」といった数字が付いていることです。

「2＋1」とは、この商品を二つ買ったら一つおまけします、という意味で、「1＋1」とは、この商品を一つ買ったらもう一つおまけします、という意味なのです。

韓国で生活していた頃は、私もついこの手の商法に乗ってしまい、結局、買いすぎたと後悔することもありました。単純に得な買い物をしたと喜んでばかりいられない場合もありますから、要注意です。

コンビニがあると確かに便利で、たいていの日用品なら二十四時間、いつでも買うことができます。でも、私は昔ながらの市場での買い物も楽しいと思っています。お店の人と話をしながら買い物をすると、商品についての知識が得られたり、時には〝おまけ〟を付けてもらったりしますが、コンビニではそれはありません。

昔ながらの商店と現代的なコンビニ、それぞれの特色がありますから、上手に使い分けて、買い物をするのが賢い消費者と言えるかもしれません。

7. 言い方は同じだけれど…

韓国は日本と地理的に近いだけでなく、三十五年間、日本に支配され、強制的に日本化を迫られたという負の歴史がありました。それだけに、食べ物のなかには日本と同じ名前の食品も残り、韓国人の食生活にすっかり定着しているものもあります。また、歴史の積み重ねのなかで、最近は韓国からの食品が、少なからず日本に入り、日本の食卓に上がることも珍しくなくなってきています。

でも、そうした食品がそれぞれの国で独自の加工を経ることで、韓日両国ともそれぞれに変容して、同じ食品とは言えないものも現れてきます。また、同じ食品名でありながら、最初から異なっていたり、異なった理解で定着したりしているものもあります。

たとえば、「プルゴギ」です。この料理は私も好きですが、決して肉を焼く料理ではありません。薄切り牛肉とニンニク、野菜を炒め、出汁《だし》（たいていは醤油系）で煮込んだ料理です。もっともこの料理は、まだ日本の食生活に入り込んでいるとは言えませんから、日本での認知度が低いだけなのでしょう。それを証明するかもしれませんが、よく韓国に旅行したり、韓国文化に高い関心をお持ちの日本の方は「プルゴギ」がどういう料理かご存じです。

ところが、「ホルモン」となると、見た目も異なりますし、その理解も異なっています。日本で「ホルモン」と言えば、牛や豚の内臓を意味し、すべての部位が含まれます。これらをひと口大に切って焼くか、煮込む（味噌味で一般的には「煮込み」と呼ばれています）などして食べます。でも、韓国で「ホルモン」といえば、牛の小腸、豚では腸全体を指すのが一般的です。しかも、お店で注文すると、日本のように小さく切られていなくて、太くて長く、まるでホースのような長いソーセージという形で出てきます。これを一気に焼いて、はさみで切りながら豪快に食べます。

このように同じ名前の料理でも、〝所変われば品変わる〟と言われるように、変わってしまうことがよくあります。そこで、韓日両国で同じ名前なのに〝ちょっと違う〟から〝かなり違う〟までを覗いてみます。もっとも、韓国の食について詳しい方なら、すでにおわかりになっていることばかりだと思いますが。

●「ラーメン」

ラーメンは今や日本では国民食と言われるほどで、ラーメン専門店が多く、麺、スープ、

トッピングなどには、さまざまな工夫が加えられ、実に種類が豊富です。ところが、韓国で一般的にラーメンといえば、「라면」（ラミョン）を指します。これは日本では、インスタントラーメンのことです。韓国では、日本以上に即席麺は人気があって、その種類も豊富です。なにしろインスタントラーメンの年間一人当たりの消費量は世界一です。最近は、日本のマーケットにも韓国の即席麺が並んでいるのを見かけます。

日本では、インスタントラーメンが店のメニューにあるとは誰も思っていませんからびっくりされるのではないでしょうか。韓国では、食堂やスタンド形式の店、屋台などで「ラミョン」として扱っていて、学生街などの食堂では小腹が空いた時の人気メニューです。

ちなみに日本のラーメンは「라멘」（ラメン）と発音され、「라면」（ラミョン）と区別されています。韓国では、日本のようなラーメン専門店は多くなく、粉食屋でなら食べることができます。

●「餃子」

日本でも餃子は中華料理の一つとして気軽に食べられる食品です。高級中華料理店から街の中華食堂まで、餃子がない店はおそらくないでしょう。韓国でも餃子は人気のある食べ物です。形は丸型、帽子型、三日月型などさまざまです。日本の餃子に比べると皮が厚めで、やや大きく、具は日本と同じように一般的には豚のひき肉と野菜の組み合わせのほか、キム

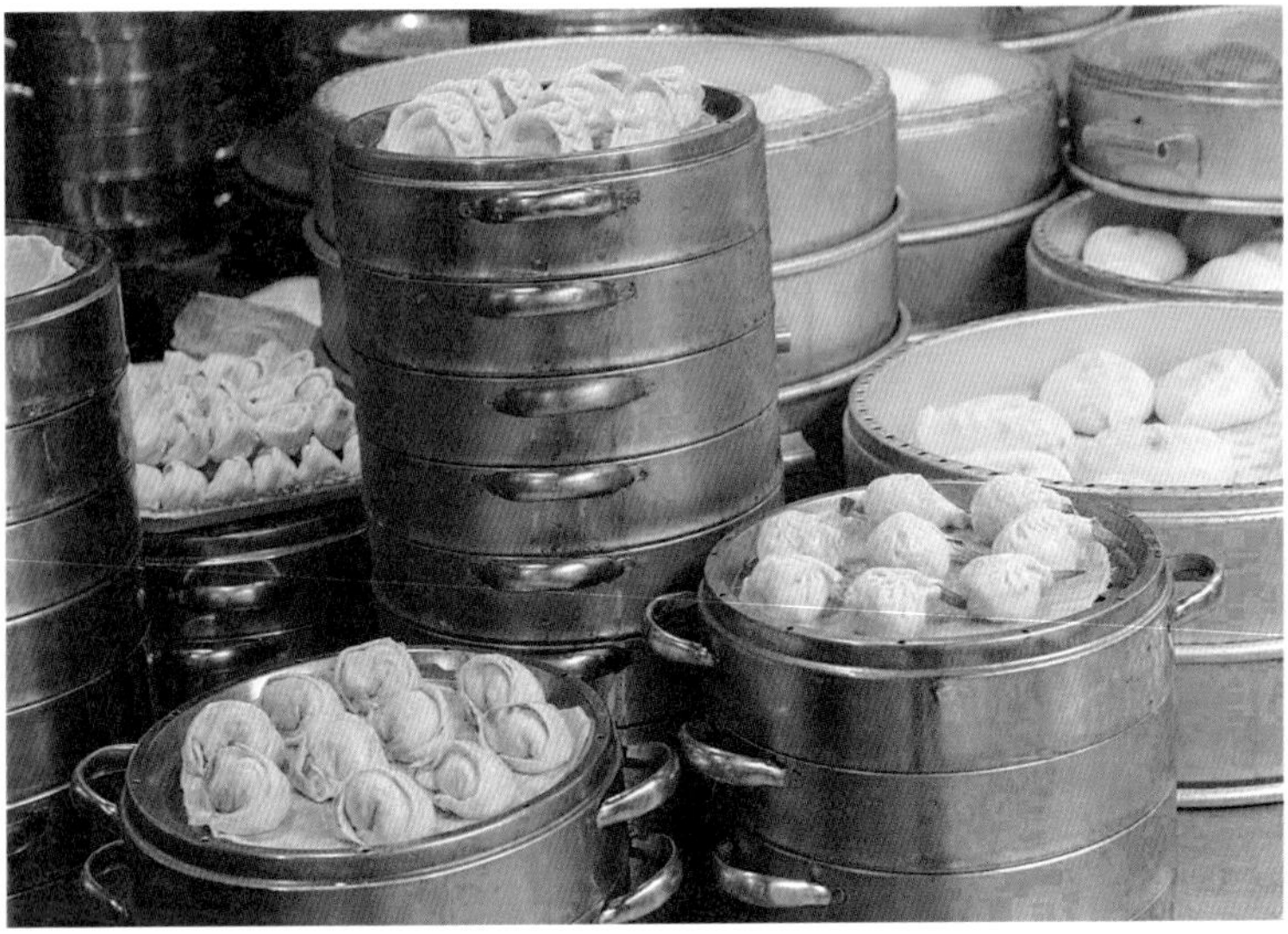

いろいろな形のマンドゥ

チ入りや春雨入り、豆腐入りの餃子などもあります。もちろん目先の変わった具を使った餃子もあり、それは日本も同じでしょう。

日本では、焼き餃子がほとんどですが、韓国では蒸し餃子が主流です。でも、このような説明からおわかりのように、韓国と日本の餃子そのものには多少の違いはありますが、驚くような違いはありません。

ところで、「饅頭」という文字が目に入った時、日本の方ならどう思うでしょう。「まんじゅう」ですから、甘い餡《あん》が入った食べ物を思い浮かべるはずです。でも、韓国で「饅頭」（만두・マンドゥ）とあったら、それは餃子のこと

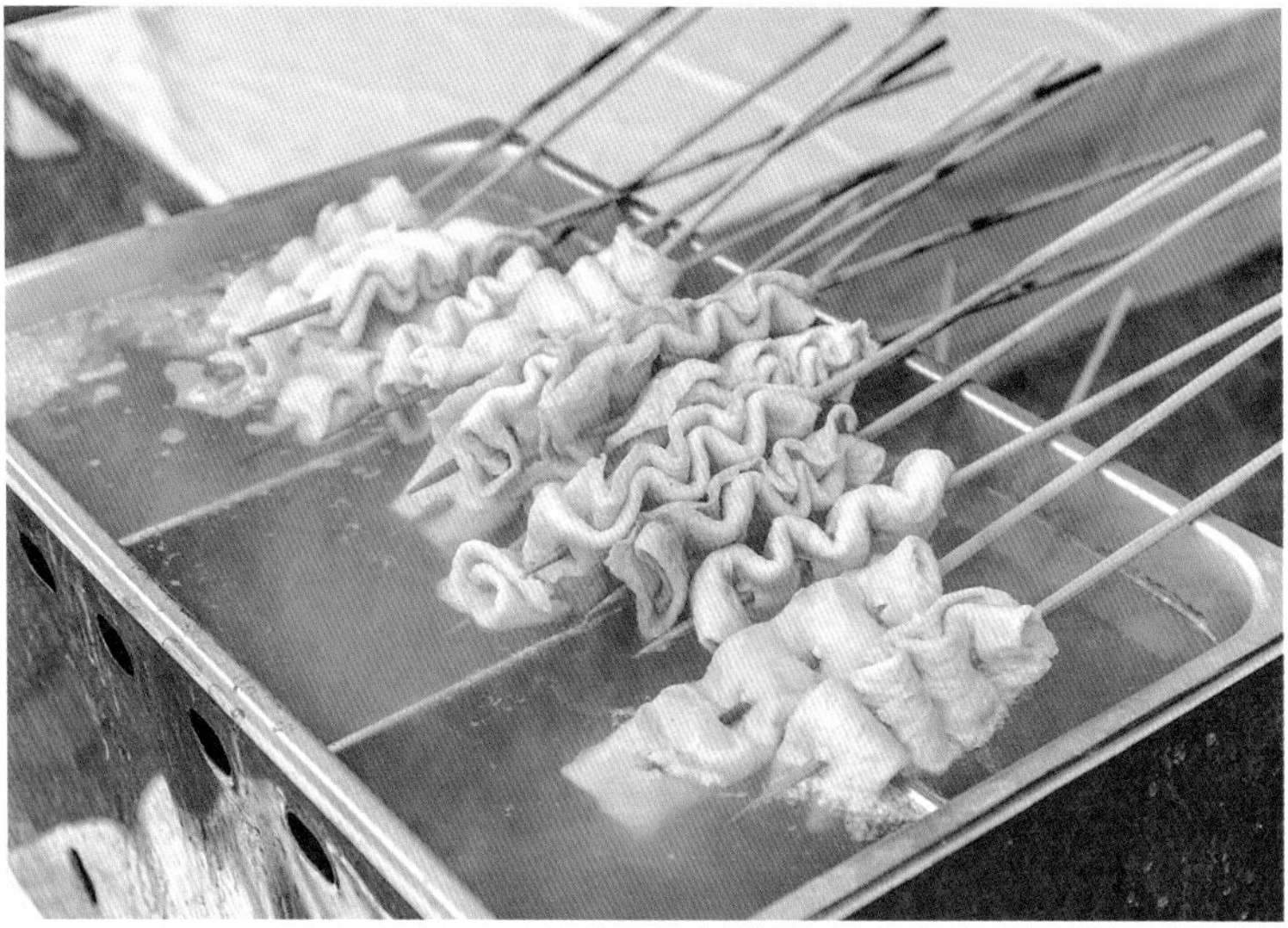

オデン／オムㇰ（おでん）

です。「군만두」（クンマンドゥ／焼き饅頭）は、油で揚げるか焼いたもので、「찐만두」（チンマンドゥ／蒸し饅頭）は蒸したもの、「물만두」（ムㇽマンドゥ／水饅頭）は茹でたものを指します。

このように餃子そのものは日本とほぼ同じと言えるのですが、日本での餃子は韓国では、「饅頭」という漢字になるという知識をきちんと持っていないと、とんでもない誤解が生まれてしまう恐れがあります。

●「おでん」

日本で「おでん」といえば、カツオブシとコンブでとった出汁にさつまあげ、はんぺん、焼きちくわ、がんもどき、つみれ、厚揚げ、こんにゃく、牛すじ、ダイコン、ジャガイモ、ゆで玉子など、さまざまな具材を好みで入れて、長く煮込んだ食べ物です。

コロナウイルスが蔓延する前までは冬になると、コンビニエンスストアの店内におでんのおいしそうなにおいが漂《ただよ》うことがよくあり、それだけ日本では身近な食品です。

そのおでんが、韓国でも「오뎅」（オデン）と呼ばれて身近な食べ物となっています。日本語で「おでん」と言っても、たいてい通じます。

ただ、食堂や屋台などでこの「오뎅」（オデン）を見ますと、日本のおでんと違うことがわかります。野菜などはなく、すべてさつま揚げを薄く、長くしたような形の魚の練り物が串に刺されて（串に刺されていないものもあります）いて、コンブやダイコンや干しイワシ、干しスケトウダラ、干しエビなどの出汁で煮込まれています。また、店によっては、出汁にトウガラシを加えて辛い味付けにしたものもあります。

このように、韓国の「오뎅」（オデン）の具材は魚で、それをすりつぶして野菜と小麦粉を混ぜて味つけして、練って揚げたものを、出汁で煮込んだものなのです。

韓国には、もともと「어묵」（オムク）という固有の言葉があって、魚肉をすりつぶした練り物を指します。それが「오뎅」（オデン）と重なるように使われ始め、言い方としては「어묵」（オムク）ではなく、「오뎅」（オデン）が定着していったと考えられます。

●「チャンポン」

日本では、「長崎チャンポン」などと呼ばれて、この名称を店名としたチェーン店などもありますが、韓国で「짬뽕」（チャンポン）を注文しますと、その違いにおそらくびっくりすると思います。

スープが真っ赤だからです。日本の「チャンポン」は一般的に肉や野菜、魚介類が多く入っていて、具材ということでは韓国の「짬뽕」（チャンポン）と同じですが、完全に異なる麺類と言っていいと思います。魚介類スープに赤トウガラシ粉がたくさん加えられていますから、辛さに弱い人には食べられないかもしれません。韓国の激辛料理の一つです。具材としてはイカ、エビ、アサリ、カキ、ナマコなどの魚介類のほかに豚肉やさまざまな野菜が入っていますから、韓国人には非常に好まれている麺類の一つで、私も好きな麺類です。

韓日でのこうした違いはまだまだありますが、ここからは簡単に触れておきます。

「うどん」と言えば、日本では小麦粉を練って作った麺類の総称ですが、韓国にも発音がまったく同じ「우동」（ウドン）があります。麺そのものは日本のうどんと似ていますが、店で注文しますと、麺だけでなく揚げ玉や練り物が入ったものが出てきます。これが韓国の

粉食屋のトンカス（トンカツ）

「우동」（ウドン）なのです。

また、「とんかつ」は韓国語では、「돈까스」（トンカス）と呼ばれ、豚肉を使うのは同じですが、日本のように肉厚ではなく、肉が薄く、平べったく、大きいのが特徴です。これに日本のようなとんかつソースではなく、デミグラスソースをかけて食べます。

日本と共通した言い方の料理ではカレーは多少、具材の切り方などが異なりますが、日本とほぼ同じです。でも、その食べ方となりますと、食文化の違いが表れているように思います。

韓国人のカレーの食べ方は、食べる前にカレーとご飯をすっかり混ぜ合わせてから食べる人がほとんどです。ビビンバなどの食べ方を思い浮かべていただければおわかりのように、韓国には、食べ物を混ぜ合わせる食文化が根付いているからだと私は見ています。

8. 韓国でお酒を飲む時は

日本には「コミュニケーション」と「飲む」を結びつけた造語として「飲みニケーション」という表現があり、こうした言い方があるのを知った時、とてもおもしろいと思った記憶があります。お酒を飲むことで気持ちをリラックスさせて、普段は話すのにためらうことでも言葉にして、より意思疎通が図れる、という意味合いが込められているからです。

韓国には「飲みニケーション」という言葉はありませんが、日本と同様に家族、親類縁者、勤め先、友人知人といった人たちとのお酒が伴う付き合いの機会は日本より多く、より大切と見られています。

日本のこうしたお酒の席では、時に「無礼講《ぶれいこう》」という言葉も使われます。「無礼講」とは、友人知人たちとお酒を飲む時にはあまり言わないようですが、上下関係がはっきりしている企業や組織の人たちとお酒を飲む時に使われます。組織での役職や上下関係を考えずにお酒を飲んでいいという意味です。

確かに、地位や身分に関係なく、お酒を一緒に楽しく飲むという意味ですが、礼儀もすべて忘れて、「無礼」でいいという意味でないのは当然でしょう。ですから、「無礼講で飲みましょう」と言えるのは、地位や身分が上の人に限られているようです。つまり、上下関係に気を遣いすぎなくて良いといった、目下の人への思いやりの言葉程度に理解しないといけないようです。この言葉にも日本語を理解する難しさがあり、私が以前、誤解してしまったのも無理はないのかもしれません。

さて、韓国人とお酒の関係ですが、韓国人は何かにつけてお酒を飲む機会が日本より多いことはすでに触れました。ただし、お酒の席でもきちんと礼儀を守る必要があり、日本以上にそれらが守られています。日本でも年長者を敬う文化風土はまだ残っていますが、韓国は日本に比べますとより厳しく、日常生活にはまだ年長者を敬う儒教的な思考が色濃く残されています。

たとえば、年長者の前でタバコを吸ってはいけないなどは、その典型的なものでしょう。私は儒教的な思考のすべてが良いとは思いませんが、お酒を飲む場合には、礼儀を守って飲むほうが一定の節度が保たれますから良いと思っています。

韓国でお酒を飲む時に必ず守るべき、いくつかのマナーがありますので、次に挙げてみます。

相手にお酒を注ぐとき

まずは入門編といったところから。すでに知識としてだけでなく、韓国で実践されたという日本の方も多いかもしれません。

①お酒を相手に注《つ》ぐ時は、片手で容器を持ち、もう片方の手を肘《ひじ》に添える、あるいは軽く胸に当てる。そうでなければ両手で注ぐ。

②お酒を注いでもらう時は、両手でコップや器を持つ。

③目上の人とお酒を飲む時は、顔を横に向けて口元を隠すようにして飲む。

④相手のグラスにお酒がなくなってからお酒を注ぎ足す。

相手からお酒を注がれるとき

次は中級編です。

①お酒を相手に先に注ぐのは地位や身分、年齢が下位の者が率先して行う。

②地位や身分が上、あるいは年長者が年少者にお酒を注ぐ場合は、片手でもよい。

③自分のグラスや器に自分でお酒を注ぐのは避ける。

④お酒は年齢が上の人から順に注いでいく。

韓国のお酒の場では、特に長幼《ちょうよう》の序列を重んじます。お酒を注ぐという行為にも年齢差が大きく関係しています。とはいえ、相手の年齢が自分より上か下か、わからない時もありますから、親しくない限り、両手で注ぎ、両手で受け、横を向いて飲むことをおすすめします。

それでは上級編です。

①女性は男性にお酒を注がない。女性が男性にお酒を注ぐのは水商売の人と見られがちで、女性がお酒を注いでいい男性は父親や夫、恋人ぐらいです。

②お酒を注ぐ際には右手で。左手で注ぐのは避ける。

③乾杯でグラスを合わせる時は、目上の人のグラスよりも低い位置で。

なお、入門、中級、上級と分けましたが、韓国のお酒の飲み方やマナーについて、日本の方の認知度という点から私が自分の感覚で、勝手に示しただけです。でも、上級編になりますと、ここで記したような注意を日本の方はほとんど意識されていないと思います。つまり、韓国では、マナー違反になってしまう所作《しょさ》を、日本のお酒の席でされている方も多いのではないでしょうか。

韓国では、食事中でも「乾杯」をします。日本のように飲み始めの時にだけ「乾杯」するのとは異なって、何度でも「乾杯」をします。そのため自分で常に注意していないと、思っている以上にアルコール量が増えてしまうことにもなりかねません。でも、そのようにして、お酒に「酔う」ことが韓国の〝酒文化〟の一つとも言えるのですが。

それでは最後に、お酒の席での支払いは誰がするのでしょうか？

長幼の序列が生活に根付いていますから、支払いは地位や身分が上、あるいは経済力のある年長者が支払うのが一般的です。特に企業などでは、地位が上の人が支払わないと部下から信頼を失ってしまいます。

カップルだったら、ほとんど男性が支払います。日本のように、たとえカップルでも割り勘で、というのはまだ少数です。その意味では、経済的に豊かでない男性はなかなか大変です。

このような韓国でのお酒を飲む文化のなかで育った私が日本に来て、まだ日本語もままならない頃のことでした。日本に長く住んでいた親戚の人に日本にも韓国のサウナに似た所があるから、と連れていってもらいました。「健康ランド」でした。こうした施設は普通の銭湯と違って、いろいろな湯船もあって、長時間滞在もできますから、ゆったりとした気分になれます。また休憩や昼寝もできるコーナー、さらには飲食ができる施設も備えられていたので、私たちもそこに入りました。

隣の席では仲のよさそうな父親と息子らしい二人が楽しそうにお酒を飲んでいました。ところが、息子らしい男性が相手に片手でビールを注いでいて、しかも、タバコも吸っていました。私はびっくりして、慌てて親戚の者に聞きました。「隣の男性二人は親子だよね」と。「オヤジって呼んでいるから、そうだね」というのが答えでした。

韓国では考えられない光景が目の前で起きていたのです。父親に片手でビールを注ぎ、父親の面前でタバコを吸っていたからです。私の家では親子どころか兄弟の間でも、私の次兄は長兄の前ではタバコを吸いませんでした。

国が違うと文化も大きく異なることを、来日して日が浅い頃に衝撃的に教えられ、鮮烈な記憶として今でも忘れられない思い出になっています。

おわりに

本書をまとめるにあたって、「食」に関わるこれまで書いてきた文章を読み返してみますと、「食」がいかにその土地、地域の風土、気候と強く関わっているのか、そして、民族の歴史、習慣、風俗ともつながっているのかを再認識させられました。

本書に収めましたそれぞれの文章を執筆している時にはそれほど意識していなかったのですが、いざ、こうして「食」に関わる文章を集めてみますと、私が二十五年以上も日本で暮らす韓国人として、かなり韓国の「食」と日本の「食」、そして、両国固有の文化との結び付きに目を向けていたことがわかりました。

おそらく私が韓国に住み続けていたら、韓国の「食」について文章を書くことはなかったでしょう。ましてや日本の「食」に考えが及ぶことなどなかったはずです。日本に来たからこそ、韓日両国の「食」の違いや類似に気が付き、そこから私なりの〝なぜなのだろう？〟という興味が本書となる第一歩となりました。

ところが、この第一歩を踏み出してみますと、韓国人だからといって、自国の「食」について、多くを知っているわけでないことにすぐ気付かされました。いや、何もわかっていいなかったと言えるでしょう。情けないほど〝今、食べているものが、なぜそのように食べられるようになったのか〟自問しても自信を持って答えられませんでした。

その意味では、本書に収めた文章は私の学び直しの成果と言えるかもしれません。また、言うまでもありませんが、日本の「食」についての知識は白紙状態でしたから、日本の友人や知人にも大いに助けられました。

本書の書名を『韓国―食の文化』としたのは、「食と文化」とするよりずっと「食」と「文化」の結び付きが奥深くまでつながっているという意味からです。ただし、本書に収録した食に関した文章で、すべて過不足なく韓国の食の文化を網羅できているとはとても言えません。また、韓日両国の文化についての考察も、もっと深める必要があります。

日本に住んでいるという利点を大いに生かして、今後も比較文化の視点を外さずに「食の文化」について、目配りしていくつもりです。

ここで本書に収録した文章について触れておきます。

私は〝市民一人一人が戦争反対の意思を示し、一人一人が声を上げて平和を創る〟ことを目的としたメールマガジン『オルタ』（二〇一八年からは『オルタ広場』）に二〇一四年七月から文章を書き始めました。そして、同年十一月からは今は亡き加藤信幸編集長のご好意で「槿《むくげ》と桜」という専用欄を設けていただき、テーマ自由で現在まで毎号執筆を続けています。

テーマは自由ですので、「食」に関する文章もそれなりに書いてきていました。そこで今回、「食」だけを取り出して一冊にまとめることにした次第です。

本書に収録するにあたり、「キムジャン文化」「冬至とあずき粥」「韓国のお正月、そしてお雑煮」「チゲ鍋?」「エゴマをご存知ですか」「包み食文化」の六編は『韓国近景・遠景』(二〇一八年、論創社)からの再録です。ただし統計資料などを入れ替えたほか、加筆し、表現なども大幅に書き改めました。また、『オルタ広場』に掲載した文章も今回、収録するにあたり、すべての文章に加筆、修正などを加え、統計資料なども入れ替えました。

最後に、本書が二〇二二年度「桜美林大学出版叢書」の一冊として選考審査に合格し、刊行していただけることになり、大変光栄なことと思っております。

この「桜美林大学出版叢書」は、私の前任校だった桜美林大学が三年前に〝一粒の種が万花を咲かせるように、一冊の書は万人の心を打つ〟として刊行され始めたもので、学園の教職員、元教員など広く応募できることを知ったのが本書刊行へとつながりました。桜美林大学関係者各位には厚く感謝申し上げます。

「はじめに」でも書きましたが、本書を通して韓国と日本がいかに近い国であるのかをあらためて知っていただき、日本と韓国の関係が思わしくない現在、それを乗り越える何らかのきっかけに本書がなって欲しいと願っています。

最後になりましたが、桜美林大学出版会の皆様をはじめ、多くの方々にお力添えをいただき、本書の刊行にこぎつけることができました。この場を借りて厚くお礼を申し上げます。

二〇二二年四月

延 恩株

◎桜美林大学叢書の刊行にあたって

「隣人に寄り添える心を持つ国際人を育てたい」と希求した創立者・清水安三が一九二一年に本学を開校して、一〇〇周年の佳節を迎えようとしている。

この間、本学は時代の要請に応えて一万人の生徒・学生を擁する規模の発展を成し遂げた。一方で、哲学不在といわれる現代にあって次なる一〇〇年を展望するとき、創立者が好んで口にした「学而事人」（学びて人に仕える）の精神は今なお光を放ち、次代に繋いでいくことも急務だと考える。

一粒の種が万花を咲かせるように、一冊の書は万人の心を打つ。願わくば、高度な知性と見識を有する教育者・研究者の発信源として、現代教養の宝庫として、さらには若き学生達が困難に遇ってなお希望を失わないための指針として、新たな地平を拓きたい。

この目的を果たすため、満を持して桜美林大学叢書を刊行する次第である。

二〇二〇年七月　学校法人桜美林学園理事長　佐藤　東洋士

延 恩株
（ヨン　ウンジュ）

韓国ソウル特別市生まれ。桜美林大学専任講師を経て、現在は大妻女子大学准教授。博士（学術）。主な研究領域は環太平洋地域文化、日韓比較文化、韓国語教育。
著書に『韓国 ことばと文化』（論創社 2021年）、『韓国と日本の建国神話—太陽の神と空の神』（論創社 2018年　人体科学会 第13回「湯浅泰雄著作賞」受賞）、『韓国 近景・遠景』（論創社 2018年）、『速修韓国語 基礎文法編』（論創社 2017年）他がある。

韓国《かんこく》—食《しょく》の文化《ぶんか》

2023年2月20日　初版第1刷発行

著者　延 恩株
発行所　桜美林大学出版会
〒151-0051　東京都渋谷区千駄ヶ谷1-1-12
発売元　論創社
〒101-0051　東京都千代田区神田神保町2-23　北井ビル
tel. 03（3264）5254　fax. 03（3264）5232　http://ronso.co.jp
振替口座　00160-1-155266

装釘　宗利淳一
組版　桃青社
印刷・製本　丸井工芸社

ISBN978-4-8460-2203-7

落丁・乱丁本はお取り替えいたします。